話すことを選んだ女性たち

60人の社会・性・家・自立・暴力

WOMAN

by Anastasia Mikova & Yann Arthus-Bertrand

© 2020 Éditions de La Martinière, une marque de la société EDLM, Paris

Japanese edition arranged through Tuttle Mori Agency, Inc.

話すことを選んだ女性たち

60人の社会・性・家・自立・暴力

woman

アナスタシア・ミコバ　ヤン・アルテュス＝ベルトラン

清水玲奈 訳

日経ナショナル ジオグラフィック

人類の半分

　企画段階から、どうしても実現しなくてはならないと思わせるプロジェクトがある。これはまさにそんなプロジェクトだった。2012〜2014年に、前作のドキュメンタリー映画『ヒューマン』を撮った際、女性たちが語った言葉に私たちは深い衝撃を受けた。インタビューの前まではシャイだったり、あるいは疑い深い態度を示していたりした女性が、カメラの前ではすべてをさらけ出したのだ。まるで、ずっとこの瞬間を待ち構えていたかのような、生死を分ける問題であるかのような迫力で彼女たちは語り出す。彼女たちは、話す必要があった。正確には、話を聞いてもらう必要があった。私たちは彼女たちのストーリーを聞き、そして彼女たちの勇気を目の当たりにして、女性たちについての映画を作るべきだと思うようになった。こうしてウーマン・プロジェクトが始動したのは、ハーベイ・ワインスタイン事件が明るみに出て#MeToo運動が始まる約2年前のことだった。

　これは、過去にない規模で女性たちに発言の機会を与えるプロジェクトだ。50カ国・地域で2000人にインタビューを行った。私たちは世界中を旅し、さまざまな人生を歩む女性たちに会いに行った。彼女たちの人生は、それぞれが生きる土地の文化や信仰、そして家族の歴史によって形作られている。だから、ウーマン・プロジェクトは現代世界を映し出す鏡でもある。プロジェクトの成果の映画は何よりもまず、私たちから女性たちへの愛と希望のメッセージであるのだが、そこに映し出される鏡像は、女性たちが被るさまざまな不公平のせいで、ときに暗澹たるものになった。これは彼女たちの人生を理解し、これまでの道のりを振り返ると同時に、今後に積み残された課題を知るための試みでもある。

　本当に大切なことへと私たちを導いてくれたのは、女性たち自身だ。彼女たちは、仕事、教育、自立、そして母性について語ってくれた。さらには、自分自身の体との関係や、初経のようにプライベートな事柄についても。笑えること、驚異的な実話、感動的な告白や恐ろしい体験談もあった。多くの女性たちにとってインタビューは内省の機会となり、ときにはまるでセラピーのような効果さえもたらした。心の奥深くにずっしりと重い痛みを抱えていた女性たちは、その痛みを解き放つ必要があったのだ。すっかり心に根差していて、もう誰かに話すことすらできないと思っていた痛みを打ち明けるチャンスを、彼女たちはとうとう得たのである。私たちがプロジェクトの過程で最も感動したのは、女性たちの驚くほどのレジリエンス（立ち直る力）であり、何事にも屈することなく生きるための力だ。ある女性の言葉によれば、それは「いわば私たちの遺伝子に組み込まれているようなもの」である。彼女たちは秘密を打ち明けてくれると同時に、大きな責任を私たちに委ねた。それは、これまでかき消されてきた声を、ようやく聞こえるようにするという責任に他ならない。人類の半分を占める女性たちが、もう二度と「弱い性」とみなされることのない未来を実現するために。

アナスタシア・ミコバ

ヤン・アルテュス＝ベルトラン

女であること

ブラジミール（イタリア）

10代の頃まで、ブラジミールはブラディミーロという名前だった。トランス女性であり、その事実にプライドを持っている。元イタリア国会議員で、現在はアーティスト、LGBT（性的少数者）の権利活動家だ。「女である」ために闘ってきた体験をいつも心に抱いている。

　私はブラジミール。元男性で元国会議員で、今はLGBTの権利活動家兼アーティスト。女として生まれなかったが、今は女だ。女であることはいわば天の恵みだと思っている人が多いようだけれど、私にとっては自分1人の力で勝ち取ったプレゼントのようなものだ。

　ところで、女であることとは、一体何を意味するのだろう。私にとってはあまりにもいろいろなことだ。ママがいつも肌につけていたローズウォーターの香り。最近誰かの結婚式でおばさんやいとこが着ていたドレスについて、友達や家族と噂話をすること。サッカーの話じゃなくてね！　それから、声のトーンを変えることや、振る舞いに気を配ること。一言で言えば、私にとって女であることとは、男たちとの違いをはっきりと示すことを意味する。

　ただし、これは美学の問題ではなく、何よりもアイデンティティーの問題だということを、言っておかなくてはならない。反フェミニスト的だと思われるかもしれないけれど、私にとって女であることとは、化粧をし、ハイヒールを履き、女らしさを存分に表現することでもあるのだ。もちろん、そういうことをしない女性たちへの敬意を忘れてはならない。けれど、女になるために闘わなくてはならなかった私の個人的な思いとしては、1968年の女性活動家たちみたいにブラジャーを燃やしたりはしたくないのだ。ブラジャーにレースがたっぷりついているほど、私はうれしい。

　もちろん、男女の間に生物学的な違いが存在することくらい、言われなくても知っている。私が「女性」ではなくて「トランス女性」を自認するのは、絶対に獲得できない女性だけの特徴が存在するからだ。乳房を手に入れても、授乳することはけっしてかなわない。

　今ではようやく自分の顔を冷静に見られるようになったけれど、かつては自分が自分でないような気がして、鏡を見るのを避けていた時期もある。あの頃は、自分の思いと体が別々の方向を向いているようだった。鏡に映る自分の姿を見ることに喜びを感じるようになったのは、性転換を始めてからのこと。誰もがそうであるように、私は自分の外見に完全には満足していない。でも少なくとも、以前より女性的な姿になったおかげで、自分が自分だと認められるようになった。鏡を見て、そこに映っている自分が邪魔者だとか見知らぬ人だとか思うことはもうなくなった。自分の中に長い間閉じ込めていた思いを、ようやく生きたものとして表現できるようになったのだ。

　ところで、そもそも「美しさ」とは何を意味するのだろう。私の意見では、自分を美しいと思えることが美しさなのだ。自分が美しいと思っていれば、他の人たちの目にも美しく見えるようになるのだから。もちろん、私の場合は、外見の一部を変えることも必要だった。たとえば私が何よりも嫌だったのが、顔のひげ。鏡の中の自分を見るたびに乳房が大きくなればいいと願っていたのに、代わりに厄介なひげが生えてきたというわけ。

> 鏡を見て、そこに映っている
> 自分が邪魔者だとか
> 見知らぬ人だとか思うことは、
> もうなくなった

　そんなわけで、私が最初に挑んだ闘いはひげの退治だった。何時間も拡大鏡とにらめっこしながら毛抜きで1本ずつ抜いたら、顔中が赤い点だらけになったので、最終的には電気凝固脱毛を受けた。まさに拷問だけれど、ひげを永久脱毛できる唯一の方法だったから。おかげでひげは生えなくなって、個人的にとても満足している。1つの勝利だと言ってもいいくらい。

　最後にすべての女性たちへのメッセージを一言。生まれた場所や生まれつきの体のせいで人を差別するのがどんなに浅はかかということを訴えるために、私たちは一丸となって闘える。この闘いにおいては、生まれながらの女性も、私のように途中から女性になった人もみんな姉妹になれる。このことを忘れないでほしい。

ビオレット（フランス）

　女の典型的な1日は、まるで政府の閣僚のスケジュールみたい。考えなきゃならないことは2万個くらいある。朝は「脱毛はちゃんとできているかな、今晩デートだから」。クローゼットを開ければ「今日は何を着よう」。仕事に行くにはきちんとした格好をしなくちゃならない。それに他人に隙を与えないように、いつも完璧な自信を保つことも大切。メトロに乗れば「この人、私のお尻を触ろうとしているのかも」と身構える。やっとオフィスに着けば、性差別について考えさせられるような出来事の連続。夕方には、いったん家に帰ってメイクをしなおして、仕事で嫌なことなど何もなかったような顔をしてデートに出かける。というわけで、女は一瞬も休んでなんかいられない。

アーサリン（米国）

　私は法学部の学生だった頃、女らしすぎると言われることがよくあった。イヤリングが大きすぎるとか、ブレスレットをじゃらじゃらさせるのはおかしいとか。当時は1970年代。女性にとっての大きな転換期で、男性みたいになりなさいとよく言われた。男性になれないなら、せめて男性の真似をしなくてはならないという理屈だ。私のキャリアの上で重要な転機になった日のことを、今でもよく覚えている。私は社会的に非常に高いポストを志願していた。面接を受ける日、ボタンがたくさんついた赤いドレスを着た。われながらとても華やかだった。オフィスに入ると、私はドレスを誇示するのではなく、アーサリンという人間である自分と、そのポストに就いたら自分にはどんな貢献ができるかを説明した。私はそのとき、他ならぬ女であり、男には似ても似つかない存在だった。

ナタリア（ロシア）

カザフ系ロシア人のナタリアにとって、カザフ人の伝統を守ることはとても大切だ。

　子どもを抱く女だけが、本物の女になれる。それが私たちに与えられた天命だから。男の人に与えられた天命はパンや小麦を手に入れること。働いて、家族のためにお金を稼ぐのは男の役割だ。だから、私たちの務めは、まずは子どもを産み、育て、家事をして……それからお金を稼ぐこと。

ヒナ（韓国）

韓国には極めて現代的な側面がある一方、古くからの伝統が今も色濃く残っている。ヒナは長年、伝統的な韓国女性の価値観に従っていたが、あるときを境に自由な生き方を選んだ。

　半年前に髪を切り、それからメイクをやめて、楽なパンツをはくようになった。それで「メイクをしなさい」とか「髪を伸ばしなさい」とか言われなくなったのはよかったのだけれど、もっとひどいことを言われた。「男になるために髪を切ったんでしょう」だって。これはすごくおかしい。髪を切ったりメイクをしなかったり、パンツをはいたからって、XX遺伝子がXY遺伝子に変わるわけではないのに。

タンビ（インド）

　私は男と女を区別したことはないし、たとえば着るものや座り方について男らしさや女らしさを意識したことはない。女は足を組んで座らなきゃならなくて、男は脚を開いて座ってもいいとか言う人もいるけれど、そういうのは全然理解できない。

サラ（デンマーク）

サラは32歳。イラク戦争からの帰還兵で、心的外傷後ストレス障害（PTSD）を患っている。

　兵士といえば男性だとみんなが思っている。だから、いい兵士になるためには男性にならなくてはならない。イラクから帰ってくると、ジェンダーの問題で私はとても混乱した。戦地では、自分が女であることを呪い、男に生まれればよかったと夢見た。でもデンマークに帰国したとたん、心底女であることを望むようになったのだ。唯一の問題は、女であるためにどうすればよいかが全くわからないことだった。

パオラ（レバノン）

　レバノンでは男の人が20人いる部屋に女性が1人入ってきたら、全員が話すのをやめて敬意を示してくれる。それに、もしも重そうな荷物を持っている女の人がいたら、手伝おうと言ってくれる男の人がたくさんいる。男性がこんなふうに特別扱いされることはない。大切に扱われなくなるとしても男みたいになりたいと願う女の人なんて、一体どこにいるだろう。

シベル（トルコ）

　私が生まれ育った家で、女の子はあからさまに差別されていた。それが嫌でたまらなかった私は、いいお医者さんを見つけて手術を受けてペニスを手に入れようと思っていたくらい。ペニスさえあれば、お兄ちゃんみたいに行きたい場所へ行きたいときに行けるし、もうぶたれたり、怖がったりすることもなくなるから。でも、それから何年もたって、最初にわが子をひざに抱いたとき、やっと気がついた。「ああ、女でよかった」と。

スンダリ（インド）

インドでは、女の子はお荷物だと思われている。
嫁入りの持参金が必要で、父母に金銭的な負担がかかるためだ。
男の子が親元に残って両親を助けるのに対し、女の子は早く家を出るよう期待される。

　村で女の子が生まれると、嘲笑の的になる。私に娘たちが生まれたときも、義理の姉たちに散々なことを言われた。近所の人や村人たちも異口同音に、どうやって嫁に行かせるのか、どうやって食べさせて服を買ってやるつもりかと聞いてきた……しがない農民だというのに。でも、私たちはちゃんと娘たちを育て上げた。

ジュマナ（レバノン）

　不幸なことに、男の子を卑怯者に育て上げるのは女性たちだ。それなのに男性を責めるばかりで、原因を探ろうとしない。男性の背後には「自分は世界の王様で、女は自分に奉仕するためだけにいる」と思い込ませるようなやり方で育てた女性がいたはずなのに。さらに忘れられがちなのが、男は泣かないとか仕事で成功を収めないと駄目だとか、男の子は常に強くて失敗は許されない存在だとする社会的な圧力の影響だ。もちろん、女性だけを責めるつもりはない。男性中心主義の価値観に染まった社会全体に責任がある。このマッチョ社会で、女性は常に自分が女であることを思い知らされている。一方、男性は自分が男であることを絶えず思い知らされ、周囲にそれを証明しなければならない。

ラダックの女性たち

ラダックはインド北部カシミール地方のヒマラヤ山麓にあり、インドとパキスタンにまたがるパンジャーブ地方と、チベットに隣接する地域だ。さまざまな文化や宗教、隊商のルートが合流する地点であり、女性の民族衣装にもこうした多様な影響が表れている。ターコイズで飾られた見事な髪飾りには、女性たちが秘める情熱、そして豊かさが感じられる。

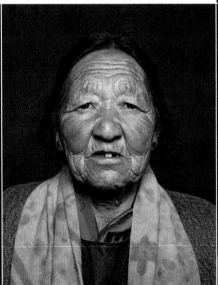

本当の意味でフェミニズムが達成された社会とは、どのようなものだろう。英国人作家ナオミ・オルダーマンはこの疑問に際立って明確な回答を示す。彼女が描き出すのは単純なユートピアではなく、男女の役割が徹底的に再検討された社会だ。そこに生きる人は男性でも女性でも、性やジェンダーによって運命を決定づけられることはなく、窮屈なカテゴリーに分類されることもない。

女性たちが望むこと

ナオミ・オルダーマン著、「ガーディアン」紙（英国、ロンドン）

過去数十年間を振り返ると、男女平等が実現したユートピアに現実世界が少しずつ近づいていると思わせる出来事もあった。しかし、たとえば「自由主義社会のリーダー」を標榜する女性蔑視の候補者が当選した例もある。「女性たちの女性器をとらえる」ことを自慢し、女性の体について好き勝手にコメントする大統領が選ばれたことは、フェミニズム社会の実現からはむしろ遠ざかっているという印象を与える。米国のトランプ大統領（当時）に反対する女性たちのデモ「ウィメンズマーチ」が世界中で盛り上がりを見せたのは、同大統領の政策がフェミニズムの実現にとって大きな後退だったことを示している。あらためて、私たちの望む社会が具体的にはどのようなものかを考えることが大切ではないだろうか。

私には夢がある

　私が考えるフェミニストのユートピアとは、性器やホルモンやジェンダーにはほとんど意味がなくなった世界だ。特定の感情が、男性や女性のいずれかに結びつけられることはない。誰しも弱点と長所があり、攻撃性と同時に母性を持ち、ときに権威を振りかざそうとしても意見の一致を目指すこともあり、自信があると同時に他者に耳を傾け、他者に共感することも威圧的な態度に出ることもある。ありとあらゆる感情は、私たちみんなの心に代わる代わる訪れるものなのだ。私たちは複雑な存在であり、「男は泣かない」とか「女は面白くない」などと、その一部を切り捨てたり歪めたりすることはできない。

　そこは、「男の子のためのおもちゃ」も「女の子のためのおもちゃ」も存在しない世界だ。「女性の職業」も「男性の職業」もないし、与えられた役割を逸脱したからという理由でやりたいことを邪魔されたりはしない。男性の服装も女性の服装もなくて、誰でもワードローブから自由に好きな服を選ぶことができる。オーバーオールが着たかったら着ればいいし、今日は背広、明日はロングドレスが着たいとしても、一体何が問題なのだろう。

> 私が考えるフェミニストの
> ユートピアとは、
> 性器やホルモンやジェンダーが
> ほとんど無意味になった世界だ

私が理想とする社会では、性やジェンダーが私たちの運命を決定づけることはない。子どもが「男の子だから」とか「女の子だから」という理由で、何かをできない、あるいはしてはいけないと言われることはない。誰も制限を受けることはなく、すべての人に可能性が開かれている。

子どもたちを全員で育てる

現実の世界はこれには程遠い。どうすれば理想に近づけるだろう。今は、大きな一歩や小さな一歩を無数に踏み出していくしかない。たとえば、労働法や託児制度のあり方に深い影響を及ぼしているのが、「女性は自然に子どもの世話をする傾向があり、男性はそうではない」という思い込みであり、これを改めることが急務になっている。

> 「女性は自然に
> 子どもの世話をする傾向があり、
> 男性はそうではない」
> この思い込みを
> 改めることが急務だ

英国では男性も育児休暇を取ることが可能だが、男女の夫婦の場合、男性の育休期間は女性の育休期間から差し引かれることになっている。子どもの成長における父親の貢献（私はこれを重視している）をきちんと認めるなら、子どもと過ごす時間を父親にも母親にも最低3カ月ずつ与えるべきだ。もちろん、父親は育児休暇を取らないという選択もできるようにするが、その場合は単純にその権利を失うだけで、母親の負担を増やさないようにしなくてはならない。

離婚した場合の子どもの養育についても、父母が平等に負担することを例外ではなく標準的な取り決めにするべきだ。大企業には保育所が必要だし、中小企業なら社員が託児をシェアするシステムを確立できるような体制づくりが求められる。たまにしか会えない父親と、いつもべったりな母親という環境は、男の子にとっても女の子にとっても望ましくない。この環境が、子どもの情緒だけではなく、成長してからどんな大人になるかにも重大なインパクトを与えることは明らかだ。子ども時代の体験は、将来異性のパートナーを得た際に、男女の関係を根本的に左右するだろう。

神経科学の視点から見たジェンダー

女の子なら保育士か看護師、男の子ならエンジニアか宇宙飛行士……。女の子は感情が敏感で共感力が強くマルチタスクを果たすことができ、一方、男の子は生まれつき数学が得意で活動的で競争心が強いから。そんな話をあなたはこれまで何度見聞きし、あるいは実体験から事実だと思ったことがあるだろうか。ジェンダー研究がはっきり示している通り、社会的な規範や既成概念は個人の位置や役割を条件づける。家族の中でも、学校でも、あるいは職場においても。そしてこの条件づけは生まれたときから始まっている。

とはいえ、20年前くらいから、神経科学の研究により、男女間の生物学的な特徴の違いは揺らいでいる。「認知的な機能（知能、推論の能力、記憶力、注意力、空間認識力など）に的を絞れば、0〜3歳児では女の子も男の子も同じ適性を持っています」と、フランスの神経生物学者カトリーヌ・ビダル（パスツール研究所の名誉研究所長、フランス国立衛生医学研究所の倫理委員会会員、脳と性差に関する著書がある）は言う。脳には環境により変わっていく「可塑性」があるため、むしろ社会的・文化的な影響で女の子と男の子の能力は決定されていくと、ビダルは説明する。

脳の性差はとりわけセンシティブなテーマなだけに、科学研究のさまざまな分野と同様、この結論に反対意見を述べる研究者も多い。議論は続いているので、今後の研究に注目したい。

育児に関する改革が実現すれば、これから家庭を持つ年代の女性を雇うのを企業がためらう理由が減り、逆に男性の求職者については現在の女性に対するのと同じような懸念が持たれるようになるだろう。さらに、男女の給与格差の根拠は消滅する。

男女の給与格差の縮小

まずは、すべての大企業（社員数が50～100人を超えることを目安にしよう）における男女間の給与格差について実態の調査を行うべきだ。個々の給与を明らかにするのではなく、同等の仕事の給与を比較検討し、ありのままの現状を明らかにするべきときが来ている。

フォーセット協会の調査によれば、英国では女性の給与は男性の86％にとどまる。英国で子どものいる夫婦が「放課後の子どもの世話をするためにどちらがパートタイムに移行するか」という問題に直面すると、結論はどの世帯でもほとんど同じだ。男親は子どもと過ごす時間を奪われ、女親は経済的自立を阻まれている。この悪循環を断ち切る努力をしなくてはならない。

暴力の撲滅に手段を講ずる

悪循環といえば、男性は服役する割合が女性の22倍に達する。男性は女性に比べて、暴力行為に及ぶことも、その犠牲になることも多い。男性のほうが「生まれつき」暴力的だとか、犯罪に走りやすい傾向にあるとは、私は思わない。ホルモンの違いによる影響はゼロではないかもしれないが、大きな要因は男の子や男性に対する間違った教育だ。状況に対応するには暴力以外の方法があり、暴力によって「男らしさ」が得られることはなく、ほとんどの状況において攻撃性は最良の解決策ではないと理解してもらうための教育が十分ではないのが問題なのだ。この点についての文化的な通念を、私たちは今すぐに改めなくてはならない。学校では、自己表現や感情知能（EI）、調停、争いが起きたときのマネジメントの技術を男の子に教えるべきだ。こうした技術を身につければ、個人的な利点はもちろん、経済的な利益にもつながる。意

見の不一致は相手の頭にレンガをぶつけることではなく、対話と知性と善意によって解決されるべきだと、男性たちも考えるようになるだろう。男性は女性以上に、男性による暴力の被害者になりやすいのだから、こうした方策は男性にこそ大きな恩恵をもたらす。

とはいえ、女性にもたらされる益も大きい。イングランドとウェールズでは、毎週3人の女性が男性によって殺されている。夜間は一人歩きをしないこと、体の線を強調する服装はしないことといった「予防策」ばかりがしつこく語られるが、「路上にはびこる暴力の被害者になるのは自分ではない」と女性たちに思い込ませるという効果しか上げていない。それよりも、5～16歳の女の子に学校で護身術を教えたほうがよいのではないだろうか。体育でバスケットボールを教えるのとは比べものにならないくらい役に立つ技術だ。少なくともスポーツの集団競技の一部に護身術の授業を組み込むことはできるはずだ。どんなに強い敵にも反撃し、逃げるための時間を稼げるようにする技術を、すべての女性が卒業までに身につけることを提案したい。

状況に対応するには暴力以外の方法があり、暴力によって「男らしさ」が得られることはないと男性に理解してもらうための教育が十分ではない。それが問題なのだ

ステレオタイプへの挑戦

レイプについていえば、女性の死体を細部まで見せたり、殺された女性の裸体を見せたりするテレビ番組を私は見ないようにしているのだが、そうすると驚くほどの数の番組が除外される。検閲制度を確立するべきだと言うつもりはない。番組制作者は表現の自由を与えられるべきで、見る番組を慎重に選ばなくてはならないのは私たち視聴者なのだ。しかし、『ゲーム・オブ・スローンズ』のような連続ドラマ（レイプされている女性を映し出すシーンがある）が、「（ドラマの舞台である）戦争に明け暮れた中世の世界では、そんな行為がまかり通っていたかもしれない」という理由で擁護されるのを耳にした。

ここで認めよう。推定によれば、レイプの被害者の6人に1人は男性だ。戦時下で「起きたかもしれない」ことについて話すなら、ジェイミー・ラニスター、ティリオン・ラニスター、シオン・グレイジョイをはじめとする男性の登場人物たちもまた、レイプの被害に遭っていた可能性が

ある。そう言うと、私の周囲の男性たちは「ああ、でも象徴的な意味では、ドラマの男性たちはみんなすでにレイプの被害者だよね」という反応を示した。ただし、このドラマに登場する女性たちは「象徴」の域にとどまる権利を持たず、実際にレイプされる。ドラマが「リアル」かどうかは重要ではなく、女性は男性よりも美しい被害者だとする考え方を、断固として拒否するべきだ。

　これがまさに、問題の本質である。最初に触れたように、感情は重要な要素だ。女性が「弱い」とか男性が「強い」と言われる領域がいまだにたくさんある。男性が働き、女性が人の世話をする。女性たちは優しく、男性たちは暴力的だとされている。しかし実際には、私たちの人格、精神や体験が、「男性的」か「女性的」かにはっきり分類されるようなものではないことは、明らかな真実である。こ

れを否定すれば、誰もがさまざまな意味において傷つき、そのたびに解決策を探り出さなくてはならなくなる。

> 私たちの人格、精神や体験が、
> 「男性的」か「女性的」かに
> はっきり分類されるような
> ものではないことは、
> 明らかな真実である。
> これを否定すれば、
> 誰もがさまざまな意味において
> 傷つくことになる

逆行する流れ

　世界中で盛り上がった#MeToo運動を受けて、フランスを中心にこれを行き過ぎとして異論を唱える新たな運動が登場した。「女性を口説く自由」と、ひいては「口説かれる自由」を主張する女性たちの運動だ。始まりは2018年。「ル・モンド」紙に掲載された「異論を唱える100人の女性」と題する公開書簡である。科学哲学博士号を持つフランス人著述家・ジャーナリスト、ペギー・サストルはその共同執筆者であり、さらにネット上で「性の自由に欠かすことのできない口説く自由を私たちは主張する」と発言した。サストルは、控えめに言っても意表をつく行動に出たと言うべきだ。

　挑発的なこの公開書簡は確固とした決意に基づくものだった。サストルはフェミニストを自称しつつ、女性全般について、そしてとりわけ家父長制について独自の路線で意見を述べている。その意見は、行動生物学とダーウィンの進化論をはじめとする科学についての独自の考えに基づいている（サストルはかつて、ニーチェとダーウィンをテーマに学位論文を執筆している）。そうした論調は2009年に20代で発表した論文「Ex utero, pour en finir avec le féminisme（子宮の外に出て、フェミニズムに終止符を打つ）」に始まる。ここでサストルは

「女性たちは子宮がある限り人生において何も成し遂げない」という考えを主張した。さらに、2015年の著書『男性支配は存在しない（La Domination masculine n'existe pas）』でも同様の論旨を展開している。

　挑発的な題名に秘められた真意は、どのようなものだろうか。サストルによれば、男性支配は女性に無理やり押しつけられたわけではなく、出産と育児を行う女性の利益にかなうことから女性自身が合意して受け入れたものだ。もちろん、この論理は古くから築き上げられたもので、これを支持する研究者は少なくない。その1人が、性とジェンダーの疑問に進化論的アプローチで答える米国の社会生物学者、ロバート・トリバーズだ。しかし、フランスと米国の数多くのフェミニストたちはこの説を糾弾して批判する。「男性が長い間女性を支配しているのは、女性がそれを望んだからだ」という主張を別のやり方で説明する試みにすぎないと言えるからだ。つまり、女性が被害を受けている不公平の責任は、当の女性たち自身にあるという主張だ。ペギー・サストルが引き起こした論争は、今後も激しさを増していくに違いない。

ジェーン・グドール

チンパンジー研究を専門とする動物行動学者

ジェーン・グドールの行く手を阻むものは、何もない。人々の先入観も、国境も、夢をあきらめる言い訳にはならなかった。幼い少女の頃から動物が大好きだったグドールを突き動かしたのは、自身の強い意志だ。祖国英国を離れ、やがて1960年にはタンザニアに渡り、1人チンパンジーの群れに混じって暮らすことを決めた。これは前代未聞の出来事だった。こうして行ったフィールドワークは、人間と動物の関係に対する私たちの理解をすっかり変えてしまうほどのインパクトを与えることになる。国境を超えて親しまれている「ジェーン博士」は、85歳になった今も疲れを知らず、世界中の国際会議に出席し、野生動物とエコシステムの保全、そして男女の平等について訴える活動を続けている。

1930年代のロンドンに生まれたあなたが、アフリカと動物に興味を持つきっかけは何でしたか?

その頃読んでいた本の影響です。私が子どもだった第二次世界大戦中の英国では、テレビがなかったから、大人との会話と本だけが知識の源で、幼心にとても大きな影響を受けました。母が幼い私に動物の本を与えたのは、興味があるものなら早く読み書きが覚えられると考えたからでしょう。図書館で借りることもありましたが、一番お世話になったのが古本屋です。古本屋で何時間も過ごしましたし、貯めたお小遣いはすべて本代に費やしました。アフリカに惹かれたのは『密林の王者 ターザン』という本を読んだのがきっかけで、この本は今も持っています。10歳のとき一気に読んで、「密林の王者」に夢中になったのをよく覚えています。ターザンは同じジェーンでも私と結婚するべきなのにと思っていたくらい! この頃、大きくなったらアフリカに行って、野生動物と一緒に暮らし、それについて本を書くという夢を抱くようになりました。

当時としては常軌を逸した夢だったのではありませんか?

ええ、周りのみんなに笑われましたよ。「どうやってそんなに遠くに行くつもりなの。戦争ばかりしている国だし、あなたはお金もないし、しかも女の子なのに。もっと現実的な夢を見なさい」というようなことを言われ続けました。でも母だけは違ったんです。母は反対に「ジェーン、本当にそうしたいと思うなら、一生懸命勉強しなさい。チャンスを逃さないように。絶対にあきらめないで」と言いました。私が今、世界中を訪れて伝えようとしているのは、まさにこのメッセージです。「ジェーン、ありがとう。あなたにできたのだから、私にもできると気づかせてくれて」と大勢の人たちに言われます。特に女の子たちにね。そう言われるたびに、母が今も生きていてこのことを知ってくれたらいいのにと思います。母は死ぬまで私を支え続けてくれました。今の私があるのは、母の一貫した育て方のおかげです。

あなたの人生を決定づけたもう1人の人物、古生物学者・霊長類学者のルイス・リーキーとは、どのように知り合ったのですか?

その頃の私は23歳で、秘書になるための退屈きわまりない研修を受けたのちに、仕事を探していました。女友達に招かれてケニアに行き、ルイス・リーキーに出会う2日前に、彼の秘書がやめたと聞いたのです。信じられない幸運でした! こうして始まった新生活では、周囲の人たちが動物に関する私の疑問すべてに答えてくれました。しかも、ルイス・リーキーは動物の研究者への道を開いてくれたばかりか、私たち人間に最も近い動物であるチンパンジーの調査をするよう勧めてくれたのです。それまで私が本から得ていた知識を認めてくれたのでしょう。とはいえ、私がタンザニアでフィールドワークをするための資金を貯めるには丸1年かかりました。準備が整ったと思ったのも束の間、1950年代末の英国当局は「若い女性が森の奥で一人ぼっちで暮らすなんて、責任が取れません。全くばかげています」と猛反対でした。当時タンガニーカと呼ばれていたタンザニアは大英帝国の最後の植民地であり、衰退の一途をたどっていたのです。でも、私にとって幸いなことに、リーキーは引き下がらず、とうとう私は付き添いをつけるという条件で現地入りを許可されました。付き添い役に名乗りを上げたのは誰だと思いますか? 私の母です。奇跡のような女性です。誰もが私の勇気を称えてくれますが、本当に勇気があったのは母のほうでした。私は自分の夢を果たそうとしているだけでしたが、母は毎日、人っ子一人いない奥地でほとんどお金もないまま、獲物を求めてキャンプに忍び込んでくるクモやサソリやヘビやヒヒに囲まれて暮らしたのです。

野生動物全般に興味を持っていらっしゃるそうですが、チンパンジーの研究を専門にしたのはどのような経緯からですか?

毎夏、ルイス・リーキーと一緒にセレンゲティ国立公園に行き、石器時代の古代人類の化石を発掘していました。野生動物がそこら中を歩いているような場所です。私がある日、若いオスのライオンに遭遇してあとをついてこられたので、若いメスみたいに歩いて立ち去ったという話をしたら、リーキーは強い印象を受けたようです。私がとっさに正しい行動を取ったのを評価して、チンパンジー研究に適任だと判断したのだと思います。灌木地帯や森にこもっての調査には女性のほうが適しているというわけです。チンパンジーと暮らした私も、ゴリラと暮らした動物学者ダイアン・フォッシーも、女性でした。

> ええ、周りのみんなに
> 笑われましたよ。
> でも母だけは違いました

つまり、ちょうどいいタイミングで自分がいるべき場所にいたということでしょうか。

　そうです。他にもラッキーなことがありました。タンザニアは独立を宣言したばかりでした。当時のタンザニア人は、長い間自分たちを支配下に置いてきた白人男性に対しては気後れしたり、逆に攻撃的だったりしました。でも私はただの若い女でしたから、すぐに打ち解けてくれた。女で得をしたというわけです。さらに幸運だったのは、リーキーのおかげで、ナショナル ジオグラフィック協会がその後も研究資金を出してくれたことです。私はチンパンジーが道具を作って使う様子の観察に成功したところでした。それまでは人間しかできないと思われていたことで……本当にわくわくする発見でした。そして正直に認めると、スポンサーがついたのは女性だったおかげでした。私は見た目がそんなに悪くなかったので、『美女と野獣』のような、そんな記事とドキュメンタリーを制作しようという目論見だったのです。

このドキュメンタリーで一躍有名になり、さまざまな反響が寄せられたそうですね。

　ナショナル ジオグラフィック協会は、私への支援を決めると、撮影のために映画監督・フォトグラファーのヒューゴ・ファン・ラーヴィックを現地に派遣しました。できあがったのが、あの「ジェーンとチンパンジー」のスクープ写真と映像。それが世界中を駆けめぐったというわけです。すぐに新聞はせっせとこの話を書き立てて部数を稼ぐようになりました。私は自分を美女だと思ったことはなかったけれど、みんながそう書いてくれました。科学者を中心に、私の主張を信じない人もいました。私は若い女で、やっと自立して英国を出たばかりだったからです。それでも、ヒューゴの映画でチンパンジーたちが自分で作った道具を使う様子を見ると、証拠を認めないわけにはいきませんでした。それでも、私がチンパンジーたちにそうするように教えたのだと悪意に満ちた主張をする科学者もいました。さらには、ナショナル ジオグラフィック協会が私を支援しているのは、そのまま引用しますが、「ミス・グドールが美脚の持ち主だからにすぎない」と主張する科学者もいたのです。それでも私はうろたえたりはしませんでした。ナショナル ジオグラフィック協会の支援を得

るのに自分の脚が役立ったなら、何よりです。そしてもちろん、男性が眺めたくなるような脚を持つ娘に産んでくれた母には感謝しかありませんよ！

実際、あなたはパイオニアでした。女性蔑視の反応に対して、フェミニストとして立ち向かいたいと思いましたか？

　いいえ。初期のフェミニストたちは攻撃的で、私は全く共感できなかったのです。もちろん、自分がラッキーだったということは意識しています。多くの女性たちは、女性であるがゆえに差別に苦しんでいたのですから。当時のフェミニストたちとは距離を置いていましたが、それでも、彼女たちが攻撃的にならざるを得なかったことは理解できます。今では「フェミニズム」という言葉の意味合いは少し変わり、男女の平等を世界中に広げようという意志を持つことを指します。その意味において、私は全面的にフェミニズムを支持します。このことについて、ラテンアメリカのとある先住民の首長が私に教えてくれた大好きな言葉があります。「私たちにとって、自分たちの部族は1羽のワシのようなもので、その片方の翼が男、もう片方が女だ。両方が平等であるときだけ、私たちは飛ぶことができる」。誰の目にも明らかなことですね。

> 年齢を重ねるほど、残された時間は短くなる一方だから、ゆっくりしている暇は私にはありません

今でも、1977年に設立したジェーン・グドール研究所を通して自然保護の活動に励み、講演のために世界中を旅していらっしゃいますね。

　「85歳なのに、一体どうやったら、1年のうち300日間も世界中を旅するなんていう生活が続けられるのですか？　講演をして、国家元首と会い、学校を訪問して……」とみんなにいつも言われます。ごもっともです。それでも私が活動をやめられないのは、講演が終わるたびに「希望をもらいました。私も自分の役割を果たします」と言われ、世界中の人が手紙をくれるから。年齢を重ねれば重ねるほど、残された時間は短くなる一方ですから、勧められるままゆっくりしている暇など私にはありません。「私たちの一人一人に、たとえまだ気づいていなくても、果たすべき役割がある。今すぐに行動しなくては」というメッセージをただ伝えることしかできないとしても、私はむしろ、急がなくてはならないのです。

ケア・インターナショナル

1954年に設立された国際協力NGO、ケア・インターナショナルは、世界最大規模の人道主義組織であり、特定の政治や宗教とは無関係の立場を貫いている。貧困と闘い、すべての女性を含むすべての人々の権利を守ることを目的に、90ヵ国あまりで、非常事態や長期的な問題に取り組むプロジェクトを実施してきた。また、その活動の中心には常に女性を起用している。

ケア・インターナショナルは、男女の平等の実現を優先事項に掲げる。性差別のステレオタイプをなくすことが、女性の権利を守り、女性の自立を促すための最初のステップとなる。世界中で女性のほうが貧困や不安定に陥りがちなことを思うと、こうしたアプローチは非常に重要だ。

具体的には、イラクの女性に配管工、ケニアの女性に貯水槽管理者の技術を教えている。さらに、2015年の大地震で被害を受けたネパールでは、左官をはじめ、地域社会で生かせるさまざまな技術を持つ女性職人の養成に取り組んでいる。これは一石二鳥のプロジェクトと言えよう。耐震性が強い住宅の建設を進めると同時に、伝統的に男性のものとされていた職業への女性の進出を助けたのだ。女性たちは新たな収入源を得て生活状況が改善した。

www.careintjp.org

ウィメン・ウィン

挑発的な響きのあるウィメン・ウィン（「女性が勝つ」）は、オランダ発祥のNGOのスローガンであり、名称でもある。スポーツを通して女性の自立を助けることと、究極的には女性の活躍の場が限定されない世界の実現を目的に活動している。

その基本的な考え方はシンプルで、スポーツは少女たちが自分の体について理解し、自分の能力を信じて高い目標に挑戦し、自信を持つきっかけになるというものだ。ひいては、社会の抑圧によって少女たちが感じている限界を超えられるようにすることを目指す。たとえば2019年の女子サッカーのワールドカップは高い人気を示した（世界中のメディアで10億人を超える人たちが試合を視聴した）。女子スポーツは、少なくともフィールド上でステレオタイプや古い考え方を打破し、女性の権利を推進させることにつながる。

ウィメン・ウィンは女子スポーツの国際大会を支援するだけではなく、独自の企画も実施している。2016年のオリンピック・リオデジャネイロ大会の初めに、国際オリンピック委員会の後援によって始まった国連女性機関のプロジェクト「1つの勝利がもう1つの勝利につながる（One Win Leads to Another）」にも参加している。これは、恵まれない地域の出身の少女たちに、16のオリンピック村の1つで週2回スポーツをする機会を提供するというプロジェクトだ。さらに、ジェンダーをテーマとするワークショップも開かれた。このプログラムは大成功を収め、その後3年間にわたってリオデジャネイロで繰り返し開かれたほか、2018年にブエノスアイレスで開かれたユースオリンピック大会でも同様の取り組みが行われた。

www.womenwin.org

ノルマとの対話の記憶
語ることの痛み

映画監督 アナスタシア・ミコバ

第一印象では、ノルマは誰もが憧れるような女性だ。一流アスリートで、輝きと自信に満ちている。チャンピオンの舞台裏にある苦痛に満ちた人生など想像もさせない。しかし、メキシコで生まれ育ったノルマは、実はありとあらゆるつらい体験をしてきた。レイプ、近親相姦、強制売春、アルコール、うつ状態。抵抗することなくすべてに耐え忍んでいたノルマは、ある日とうとう、沈黙を破る決意をする。「それは人生で最大のチャレンジだった」と言う。

　ノルマとの出会いによって、私は2つ目の監督作品となる『ウーマン』に取り組む理由を言葉で表せるようになった。このプロジェクトに取り組むことは、「今日の世界で女であるとはどういうことか」という疑問についての答えを探ることに他ならない。

　スタジオに到着したノルマを見た瞬間、私はその美しさ、存在感、自信に圧倒された。女性なら誰もがこんなふうになりたいと思うような女性だった。一流アスリートであり、並外れた試練を克服してきた。過去最長のトライアスロンを成し遂げた記録により、ギネスブックにも載っている。でも、ノルマが私に語ってくれるのは、それとは全く違うストーリーだ。

　少女時代、メキシコで視覚障害者の祖父を介護し、その祖父に虐待された。やがて成長し、その苦痛から逃れるために日本でのモデルの仕事を受け入れたつもりが、それはわなで、地獄のような強制売春の被害に遭う。そんな半生を、ノルマは穏やかに、よどみなく、ほとんど涙も浮かべずに語る。インタビューはモノローグとして撮影された。

　強制売春を数年続けたのちに、人生をやり直すため、カナダに渡った。結婚し、子どもを授かると、ようやく物事は好転したように思われた。数年後、ノルマは息子が自分の祖父の遺伝病を受け継いでいることを知る。少しずつ、視力がほぼ完全に失われていく。ノルマにとって、それはあまりに大きな試練だった。ノルマはうつになり、アルコールに溺れるようになる。しかしある晩、このまま自己破壊を続けるわけにはいかないと思い立つ。自分1人の問題ではなく、息子を育てなくてはならないからだ。飲まないようにするために、外へ走りに出た。これが、アスリートへの道を踏み出した第一歩だった。

　ノルマは向上心を持ってチャレンジし続け、超人的なパフォーマンスを実現するための努力を怠らない。それが、自分の体と人生を取り戻すための彼女らしいやり方なのだ。これまでの人生で最も困難だった瞬間は、意外にも、暴力を受けたときではないという。一番つらかったのは、アスリートとして認められるようになった頃、自分が受けていた暴力について告白する決心をしたときだった。「初めてそれについて話した瞬間ほど、恐怖を感じたことはありません。言葉が口から出たとたんに、それをもう一度飲み込んでしまいたいと思いましたが、何とかこらえました。どうしても沈黙を破らなくてはならなかったから。沈黙があんな事態を許してしまったのだと気づいたからです」

　インタビューは突然、あれほど強い女性に見えたノルマが泣き崩れるところで終わる。私も彼女と一緒に泣く。やりすぎてしまったと私は思う。鎮まっていた悪魔を呼び起こし、つらい体験に再び直面させるようなことをするべきではなかったのだ。ノルマは私を抱きしめ、話すことを選んだのは自分自身の意思だと繰り返す。どんなにつらいとしても、話さなくてはならない。そのとき私は、ノルマのような女性たちの話にようやく世界が耳を傾けるようになるために、ウーマン・プロジェクトを絶対に実現しなくてはならないと決意した。

第三の性

ムシェとは、女性を意味するスペイン語「ムヘール」に由来し、男性として生まれながら家庭や社会において女性のような役割を担っている人のことを指す。メキシコの先住民が暮らすフチタン市では、この第三の性がコロンブス上陸以前から認められてきた。男性中心のメキシコにおいて、この小さな共同体だけは比較的寛容な文化を持っている。

ナオミ（メキシコ）

私にとって女であることは、母親であると同時に父親の役目も果たすことを意味する。男であるということは、つまりは家庭の幸福のために働かなくてはならないということ。もっと説明すると、男は子どもに教育と家を授けるために働く。女は親として、それとは違った仕事、つまり、洗濯、アイロンかけ、子どものしつけなどをする。だから、女は男よりもちょっと大きな存在と言える。私は男の役割を果たすと同時に、女の活動もするという意味で、いわば二重の存在。でも、私の趣向や方向性、アイデンティティーがそれに左右されることはない。

パオラ（メキシコ）

母は私の面倒を見て、助けてくれた。ある意味、女になるために必要なものをくれたのだ。女はどんな服を身につけて、どんな道具を使い、何をしなくてはならないのか。要するに、女の役割とは何か。そのことを、母は他の娘たちに対するのと同じように、私にも教えてくれた。母は男の子6人と女の子2人を産み、その後、男の子5人と女の子3人になったというわけ。

ラ・ピトゥ（メキシコ）

性行為の間、女であるのは私。彼が私の男性器を触るのは許さない。絶対にね！　私はムシェでよかったと心から思っている。はっきり言うと、女になるなんて嫌。男になるのはもっと嫌！

フェリナ（メキシコ）

私は自分の性器が好き。手術は受けたいとは思わない。手術をしたら、もうムシェじゃなくて、トランス女性になってしまうから。100％女になりたいとは思わない。私はムシェの女で、そう、男と女の中間にいる。50％は男で、50％は女。そんな二重性を持つのが私。

ヤノマミの
女性たち

アマゾンの森に今も暮らす先住民の中で
も希少な大規模集団を形成するヤノマミ
の人々は、ブラジルとベネズエラの間に
位置する広大な領域に住んでいる。今
も、女性の生活にまつわる数多くの伝統
儀式を実践している。たとえば出産は森
の中で1人で行う。そして母から娘へと、
無数の慣習と装飾品が伝えられる。

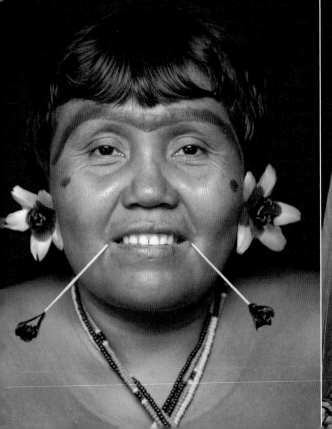

生まれなかった女の子
2300万人

1970年以来、2300万人もの女の子が、女児を望まないという理由による人工妊娠中絶の犠牲になっている。このうち中国（1190万人）とインド（1060万人）だけで98%を占める。

米国科学アカデミー紀要（PNAS）、2019年

女性が生きやすい国、
生きにくい国

男女平等の実現状況を、経済、政治、教育、健康の指標に基づいて国別に比較した。

● 男女平等の実現が遅れている国
● 男女平等の実現が進んでいる国

世界経済フォーラム「グローバル・ジェンダー・ギャップ・レポート2018」

学校に行けない女の子

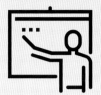

学校に行っていない子どものうち、5人に3人は女の子だ。

ユネスコ「グローバル・エデュケーション・モニタリング・レポート2016」

女性はどこにいった?

ウィキペディアに経歴が載っている人物のうち、女性は17%にとどまる。

BBC、2016年

社会的プレッシャー

米国の男性と女性に、どんなことに社会的プレッシャーを感じているか聞いてみた。

ピュー研究所、2017年

もしも女性に生まれたら

経済協力開発機構(OECD)、2014年

155 の国で就職の機会が法律により制限される。

104 の国で男性のものとされる職業に就くことが禁じられる。

32 の国でパスポートの取得には夫の許可が必要。

22 の国で自分の子に同じ国籍を持たせることを認められない。

18 の国で夫の許可なく働くことを認められない。

7 の国で土地の所有を認められない。

■ 男性　　■ 女性

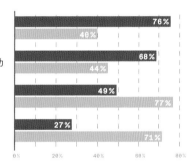

	男性	女性
家族を経済的に支える	76%	40%
就職やキャリア面での成功	68%	44%
育児に積極的に関わる	49%	77%
魅力的な外見を保つ	27%	71%

ピンク、それとも青?

女の子は2歳前後で青いおもちゃよりもピンクのおもちゃを選ぶ傾向を見せ始める。2歳半で、はっきりとピンクを好むようになる。男の子の場合はこの逆で、成長とともにピンクを嫌う傾向を強めていく。英国では、女の子のためのおもちゃの89%がピンクで、男の子のおもちゃでは1%にすぎない。しかし過去の時代には、ピンクは赤と同様に男らしさの象徴として男の子の服に用いられ、聖母マリアがまとう色である青は女の子の服に用いられていた。

英国工学技術学会(IET)「Women in the World, 2015」、2016年

映画版『ウーマン』の幕開けは衝撃的な映像によって、誕生というテーマを詩的かつ象徴的に表現したいと考えた。そこで、太平洋の真ん中にあるタヒチで撮影することを決めた。深さ20メートルまで素潜りした女性が、少しずつ海面に向かって上昇していく。この女性は撮影時には妊娠4カ月で、その後女の子を出産した。

続くシーンとして、同じ女性がクジラと一緒に泳ぐ映像を撮影した。撮影が行われたのは秋で、ク
ジラはタヒチの海で出産し、数カ月滞在しての子育てを始めたばかりだった。この時期のクジラは
穏やかで、接近しやすい。それでも、この映像を撮るまでには撮影開始から1カ月あまりかかった。

自分の体を生きる

レディ（コロンビア）

女優、歌手、モデルとして活躍するレディは、元ミスコロンビアであり、自分の体について、他の人の視線について、ステレオタイプについて、大胆に語る。さらに話は、多くの人を喜ばせたいという気持ちや、仕事のツールとしての美容整形手術にも及ぶ。

13歳か14歳の頃、かわいいリボンがついたワンピースはもう着たくないと両親に宣言した。どうしてもジーンズがきたかったから。それで、生まれて初めてジーンズをはいて出かけたら、父が豹変してしまった。ひどく恐怖に満ちた表情で、私を家に閉じ込めようとした。大変な思いをしたけれど、ジーンズと体にぴったりフィットするTシャツを着ていると、男たちに話しかけられるようになったのも事実だった。

18歳の女性なら、美しい、あるいはセクシーであることに興味を持つもの。それに誰かを好きになって、相手の気を引きたいとも思うようになる。20歳で、私は自分の体に誇りを持つようになった。ミスコロンビアのコンテストに出場して、水着で舞台を歩くのは快感だったし、家に帰って花やプレゼントや招待状を眺めるのは跳ねまわりたいくらいうれしかった。私は理想の美女だから招待してもらえるし、腕を組んで歩きたいと男性たちが願うような女なんだって思えた。

もちろん美容整形も受けている。ずいぶん助かっている

10日後、コンテストの仲間たちが家にやってきて「今度の火曜日、大聖堂でパーティーがある」と教えてくれた。大聖堂とは、パブロ・エスコバル（コロンビアの麻薬王）が入れられていた刑務所のこと……。

仲間たちが言うには、「パトロンが個人的にあなたに会いたがっているの。雑誌の記事でコンテストの水着姿を見て気に入ったらしくて、唯一手に入れたい女はあなただけだと言っている」とか。私は動揺した。エスコバルには会ったこともないし、全く得体が知れない人だったし、私にはボーイフレンドがいたから。すぐに、1人が警告してくれた。「レディ、もうボーイフレンドがいるなんて言っちゃ駄目。彼が殺されるかもしれないから」。それからみんなは、エスコバルが車と1000万ペソ（当時のレートで約390万円）をプレゼントしたいと言っているとも教えてくれた。心は揺れたけれど……行かなかった。

今では、美容整形について聞かれることが多い。私はもちろん整形を受けていて、女優、モデル、歌手として活動する上でずいぶん助かっている。世の中のモラルは偽善的。だって、みんなきれいになりたいのに、嘘をつくのだから。隠れて手術をして「どこも直していない。自然のままよ」なんて言っている。私は本当のことを知られても平気よ。整形は私の仕事の一部。いわば仕事のツールなのだ。

ブシュラ（モロッコ）

　私は自分が美人だと思っていて、美しいものが見たくなったら鏡を眺めるというくらい、自分の美にプライドがある。全身の美容やファッションのためなら、出費も惜しまない。とても大事なことなので、1人で家にいるときも外見には気を配っている。

モーリセット（フランス）

　私は91歳。個人的に自分は美しいと思っているし、自分が好き。私の人となりや体や、何もかも。こんな自分に生まれたことに、昔からずっと満足している。私はモーリセットである自分が好き、というわけ。ありのままの自分こそが私であり、最後まで、ずっとこんなふうであり続けるつもり。

ジェシー（米国）

　鏡を見るとき、自分が美人だと思えたらどんなにいいだろうと、ため息をつく。「外見のことは気にしていない」と言えたら、とも思う。でも、現実は違う。鏡を見ると、そこに映る自分の姿に満足できなくて、細かいところまで手厳しく批判したくなる。仕事では完璧に自信があるのに、会議室に入るときには「みんなが私を見て、不細工だなと思っているかもしれない」なんて考えてしまう私がいる。絶えず他の女性たちと自分を比べて、自問するのだ。「もしも私の見た目が違っていたら、もっと優遇されるし、もっと姿を眺めていたいと思われるのではないかしら」

シャオチェン（中国）

　14歳のとき、母に病院に連れていかれて、人生初の美容整形手術を受けた。痩せるための脂肪吸引だった。もっと大きくなると、顔の写真写りをよくするためのボトックス注射や、顔立ちを整えるための脂肪注入もした。最初の手術は母がお金を出して、その後は自分で稼げるようになるまで家族みんなが費用を負担してくれた。鼻は6回、目は3回、唇は3回、顔の骨格は3回、顔全体の脂肪注入に5、6回、胸は2回。小さい頃は、白鳥というよりアヒルの気分だった。美容整形をしたのは自分を変えるため、自信をつけるためだったと思う。

ジャキ（コンゴ民主共和国）

思春期を迎えて大人の女になりかけの頃、体が変化していくのを感じた。まず性器に毛が生えてきて、胸が膨らみ、声が変わって前よりも低くなった。その頃、腰巻きをつけるようになって、母みたいになれるのがうれしくてたまらなかったのを覚えている。腰巻きをつけるたびに自分のお尻を眺めて満足し、エレガントな歩き方をするようになった。

ニドヤ・パラミタ（インドネシア）

思春期を思い出すたびに笑ってしまう。当時の私はまるで男の子みたいだったのに、周囲の男の子たちとは違って胸が膨らんできたのだから。母には「ブラジャーをつけなさい」と言われたけれど、スポーツが好きだったので違和感があった。それでもブラジャーをするようになると、制服の下に透けて見えるのが気になって仕方なかったし、男の子たちにはからかわれるしで、最悪。走ったりバスケットボールの練習をしたりしたいのに、前みたいに一緒にトレーニングするのはもう無理だと気がついて……おっぱいなんてなければいいのにと思った。

イリア＝マリーナ（モザンビーク）

私はずいぶん早い時期に体が変化し、9歳か10歳くらいで女らしい体形が完成した。胸が膨らみ始めたのは8歳のとき。母によれば、胸が大きくなりすぎないように、小さなわらのほうきではらわなくてはならないという言い伝えがある。そうすると胸の成長が止まって、きれいな形になるというわけ。ほうきで胸をこすられて、とても痛かったのを今も覚えている。たった8歳で胸が膨らんだのは、そうでなくても厄介なことだった。「いい体つきだね」なんて言われて口笛を吹かれたのが、8歳の頃から29歳になった今までずっとトラウマになっている。本当に耐えられない。

サライ（メキシコ）

大人の女性の体に変わる時期、不安な気持ちと男性恐怖に揺れ動いていた。私は男たちを惹きつける自分の力を発見しつつあった。今もよく覚えているのが、中学生のとき、13歳か14歳で、教頭先生が私だけをえこひいきしているのに気がついたこと。ある日、教頭先生に注意されて、彼のオフィスに呼ばれた。教頭先生が私に魅力を感じているのを意識していた私は、彼を笑わせて、両親に秘密にしてもらうために、ちょっとだけスカートを持ち上げた。愚かにも、13歳にして教頭先生を誘惑したのだ。今振り返って、過去の私を断罪するつもりはないけれど、やはり、恐ろしいことをしてしまったと思う。

マリオン（フランス）

　女性は脱毛したほうがきれいだとされているのは、大きな間違い。体毛が生えてくるのは、それが自然だからで、毛にも存在理由があるはず。「脱毛したほうがきれいで脱毛しないのは醜い」と思うのは、作り上げられた考えにすぎない。私は脇の下を永久脱毛したけれど、その理由は他の人たちの視線に嫌気がさしたから。もしもやり直さなくてはならないとしたら、もうやらないかもしれない。お金もかかるし、痛いから。きれいになれると自分で思ったわけではなくて、周りの人にそう聞いてやっただけだ。そこにはちょっとしたニュアンスの違いがある。メイクも同じ。森の奥で、現代社会と関わりなく育ったとしたら、ある朝目を覚まして、「口紅をつけたいな」と思うだろうか。もちろんそんなはずはない。すべては作られた習慣なのだ。

ヤニスレディス（キューバ）

ヤニスレディスは男の子として育てられ、
幼い頃から農家の仕事の手ほどきを受けた。
重いものを運ぶこともできるけれど、
そんな自分の体にうんざりしている。

　自分の体は好きじゃない。お母さんは自分の体を愛することを教えてくれなかったし、女の子の服を着せてくれることもなく、本当に女になるにはどうすればいいかも教えてくれなかった。今の私がこうなってしまったのはお母さんのせい。皿洗いとか、洗濯や料理などの家事を、つまりは女の仕事ができるように育ててくれたなら、私は違う人間になっていただろう。私は自分の体をいつくしみたかったし、本物の女になりたかった。今の私はまるで動物みたいだといつも思う。本当に。米袋を持ち上げて肩に担ぎ、運ぶ……まるで家畜みたいに！

ビルジニー（フランス）

　私の体を愛してくれた夫はもういない。彼はありのままの私を本当に愛してくれた。いつも私の体を欲しがった。一緒に過ごした25年間、愛情を示し続けてくれた。彼が死んだ今、大きな困難は、自分だけでどうやって自分を愛するかということだ。もちろん、同じ思いをしているのは私だけではないはずだけれど。他の人の視線に頼ることなく、自分で自分を愛するにはどうすればいいのだろう。本当に難しい問題だ。

アン＝ソフィア（デンマーク）

　ある朝私が目覚めたら、一夜を共にした男性が隣で寝ていた。私たちはちょっと話し、それから彼は額を見せて、こう言った。「ボトックスをするべきかな」。私はそんなのやめたほうがいいと答える。年取って白髪になった男性のほうがセクシーだと思う。すると彼は「君はたくさん笑いじわがあるね。ボトックスをしようと思ったことはないの？　10歳若返ると思うな」。私は悲しくなった。ほとんど知らない相手なのに、外見を分析するなんて。それに、しわはセクシーだと思う。まるでトラみたいに、しま模様になったっていいじゃない。かつて、しわがあることは、経験と知恵を意味した。今日では、逆に、一生ティーンエイジャーのようでなければいけないなんて。私はそんなことは望まない。

世界人口の半分が関係しているテーマなのに、女性の生理が話題にされることは少ない。しかし、学校教育、社会、経済、健康の各分野において、生理は不平等の原因になっている。幸い、状況は変わりつつある。米国、ケニア、あるいはインドで、活動家や起業家、NGOや一般の市民たちが行動を起こしているのだ。

そろそろ、生理について話そう

アビゲイル・ジョーンズ著、「ニューズウィーク」誌（米国、ニューヨーク）

明白な事実を、まず押さえておこう。人類の歴史を通して、すべての女性は生理があるか、生理があったはずだ。子宮は毎月、内膜の一部を排出し、これが経血として膣から外に流れる（妊娠によってもたらされる数カ月の猶予期間は除く）。食べる、飲む、眠るのと同じくらい自然な現象だ。しかも、これがなければ人類は存続しないのだから、祝福すべき現象でもある。それなのに、ほとんどの人が話題にするのをためらう。

初経を迎える少女は、数十年にわたる沈黙と嫌悪の旅を始めることになる。生理痛は腰やお腹を直撃する。生理のことが公に語られる頻度は、下痢と同じくらいだろう。女性たちはタンポンやナプキンを袖の中に隠してトイレへ行き、誰にも今「あれ」だとは悟られないよう気を配る。一方で、広告はこうしたわずらわしさを覆い隠すかのように、真っ白でふわふわのナプキンに水色の液体を大量に流し、体の線をくっきり見せるホワイトジーンズで軽快に振る舞う女性たちを登場させる。

生理用品を手に入れることは基本的な権利だ

1978年、雑誌「Ms.」の風刺に満ちた記事で、フェミニズム活動家の先駆者であるグロリア・スタイネムは、多くの女性が頭に浮かべたことがあるに違いない疑問を投げかけられた。「魔法によって突然、男性に生理が来るようになり、女性には来なくなったとしたら？」。するとスタイネムはこう断言した。「生理は羨望の的、男らしさと誇りの象徴になるでしょう。男たちは経血量の多さや期間の長さを自慢し合うはずです」

40年たった今も、スタイネムの記事は時代遅れになっていない。「生理の平等」についてはこの間、何の進歩も見られなかったからだ。学校で、生理は自然現象ではな

く病気のように扱われ、女の子たちは生理用ナプキンやタンポンをもらいに保健室へ行かなくてはならない。公的機関でも民間の建物でも、ざらざらしたトイレットペーパーのような生理用ナプキンが出てくる古い自動販売機が見つかれば「運がいい」と思わなくてはならない。これが、女性たちが置かれた現実なのだ。服役囚やホームレスとなると、状況はさらに劣悪だ。発展途上国に暮らす女性たちはどうだろう。タブー、貧困、不十分な衛生環境、そして教育の欠如や沈黙を強いる文化によって、女性や少女は重要な権利——品質がよくて安価な生理用品を手に入れ、専用の空間で体のケアができるという権利を奪われている。

ユニセフと世界保健機関（WHO）は2015年の報告書で、世界中で少なくとも5億人の女性が生理用品を満足に入手できていないと推計している。調査・分析会社ニールセンとNGOのプラン・インディアがインドで実施した調査によると、インドでは少女の5人に1人が初経を迎えると学校を中退し、生理のある女性3億5500万人のうちナプキンを使っている割合は12%にとどまる。「生理は死に関わる問題ではありません」と、WHOの研究者ベンカトラマン・チャンドラ・ムーリは認める。「それでも生理の重要性は極めて高い。少女たちの自意識と自信の形成に関わるからです。そして、自信は人生のすべての鍵を握ります」

生理は教育から経済、環境、公衆衛生に至るまで、ありとあらゆることに影響する問題でありながら、どの国でも、人権に関わるさまざまなテーマの中で最も軽視されてきた。幸い、変化の兆しは見えている。活動家や発明家、政治家、それにスタートアップ企業の起業家や一般市民たちの努力によって、生理をめぐる根深い問題の解決と、必要な政策の実施に向けた動きが始まっているのだ。

1931年、タンポンの発明

市場調査会社ユーロモニターによると、米国女性は2015年に総額31億ドル（約3720億円）をタンポンやナプキン、おりものシートに使っている。生理用品の世界市場は300億ドル（約3兆4000億円）に達するが、過去100年間に実現した大きな技術革新は3つしかない。19世紀末に使い捨てナプキンが商業化され（1969年に下着に固定できるテープつきに改良）、1930年代にはタン

初経を迎える少女は、数十年にわたる沈黙と嫌悪の旅を始めることになる

ポンが出現、そして1980年代には月経カップが登場した。2016年には、生理用品に課す税金の議論をきっかけに、人気ユーチューバーのイングリッド・ニールセンが「過去40年間、こんなに重要な商品が進化していないのはなぜ？」と、オバマ大統領（当時）に問いかけた。

生理用ナプキンとタンポンが発明される前、生理中の女性たちは布を下着にピンで固定していた。1920年代になって初めてコーテックス社が近代的なナプキンを発売する。米国パデュー大学の歴史学者で生理用品の歴史に関する著作があるシャラ・ボストラル教授は、「それは巨大なナプキンで、ゴムで留めて使うのですが、体をひどくねじらないと装着できませんでした」と説明する。

1931年、米国デンバーの医師アール・クリーブランド・ハース博士が、紙のアプリケーターがついたタンポンを世界で初めて発明した。1937年から1943年にかけて、タンポンの売り上げは5倍に急増し、1940年代初頭には米国人女性の25%が常用していた。

米国の大衆文化は、新しい生理用品を積極的に取り入れていった。女性たちはナプキンよりもタンポンを好むようになり、フェミニストは解放の象徴とみなした。「誰も健康へのリスクを考えもしませんでした。女性たちは、いわば問題を解決してくれる製品としてタンポンに満足していたのです」と説明するのは、月経周期に関連した研究を行う月経周期研究協会の代表で、女性・ジェンダー研究を専門とするマサチューセッツ大学のクリス・ボベル准教授だ。

1975年、プロクター・アンド・ギャンブル社は、ティーバッグの形で吸水性の高いタンポン「リライ」の商品テストを行った。商品コピーは「あなたの心配も吸い取ります」だった。素材には、カルボキシメチルセルロース（CMC）をはじめとする合成素材をいくつか組み合わせて使用していた。CMCのおかげでタンポンは極めて吸水性に富み、理論的には生理周期1サイクル分の経血を吸い取ることができるほどだった。問題は、非常に有効なタンポンには、使用者の命を脅かす潜在リスクがあるということだった。CMCとポリエステルは膣を乾燥させ、黄色ブドウ球菌の増殖に最適な環境を生み出す。1980年にアメリカ疾病予防管理センター（CDC）に報告された毒素性ショック症候群（TSS）の症例890件のうち、91%が生理に関係していた。この結果、女性38人が死亡した。

しかし、アメリカ食品医薬品局（FDA）が業界に対し、タンポンの吸収力に基準を設けるとともにパッケージに警告を記載するよう要請したのは、1989年になってからのことだった。1990年代、タンポンをめぐる安全対策が向上し、TSSの症例も減少した。メーカーはCMCの使用を停止したが、1995年に「ビレッジ・ボイス」紙が新たな脅威の存在を暴く衝撃的な記事を掲載した。これによると、市販の使い捨てタンポンの一部は、「免疫機能を低下させる毒性を持つ」発がん性物質ダイオキシンを含み、先天性疾患を引き起こすリスクがあるというのだ。

業界は漂白方法を変更し、製品から検出されるダイオキシンを微量にまで減らしたが、今度は別の問題が浮上している。FDAは今も、タンポンとナプキンの原料の表示を義務づけていない。つまり、女性たちが膣の中に入れるタンポンが何でできているかは、衣料品の生産地ほども知らされていないのだ。1人の女性は一生で平均1万

少なくとも 5億人の女性が 生理用品を 満足に入手できていない

2000個のタンポンを使うと推定されるが、TSSとタンポンに使われている化学物質の影響を最初に指摘した1人であるニューヨーク大学のフィリップ・ティエルノ教授（病理学）によれば、これは低めに見積もった数字だ。クリス・ボベル准教授は「自分の体内に、しかも体の中で最も透過性の高い部位に、数日間続けて、40年以上にわたり挿入する物体でありながら、安全性を裏づける信頼できるデータはない。まさに、生理について沈黙を強いる文化の弊害と言えるでしょう」と述べている。

テクノロジーを生かした高機能生理用ショーツ

「素敵なショーツでしょう!?」。起業家ミキ・アグラワルは、千鳥格子のスキニーパンツを下げて、エレガントな黒のショーツを私に見せながら言う。まるでカルバンクラインの最新コレクションのようだが、これはアグラワルが双子の妹ラダと、友人アントニア・セント・ダンバーとともに開発した高機能の生理用ショーツで、シンクス（Thinx）というブランド名で売られている。抗菌性と漏れ防止機能に

優れ、タンポン2個分の吸収力を誇り、表面はさらさらのままなので快適だ。さらにタンポンの使用量を減らし、環境汚染を抑えることができる。すでに特許を取得ずみだ。

2010年、アグラワルは12歳のアフリカ人少女と出会ったのをきっかけに、あるアイデアを思いつく。「なぜ学校に行っていないのか尋ねたとき、その子の答えで私の人生は変わりました。彼女は『今は恥の1週間だから』と答えたのです」。しかも、少女は生理のたびに家にいるという。「生理は先進国の女性にとっても、発展途上国の女性にとっても、同じように大きな問題なのです」とアグラワルは語る。

タンポンなしのマラソン完走

2015年のロンドンマラソンは、ランナーのパフォーマンス以外でも画期的な大会として記憶されている。生理中の女性ランナー、キラン・ガンディーが、あえて生理用品を使わずにマラソンを完走。タブーを破り、女性の生理に重くのしかかる嫌悪感に挑んだのだ。大会の直後、「コスモポリタン」誌に対して「経血が脚を伝って流れるままに走ったのは、この通り生理は存在していて、私たちは常に生理とともに生きているのだと訴えるためだった」と語っている。

当時26歳だったガンディーはニューヨーク出身のミュージシャン・活動家で、これがマラソン初挑戦だった。トレーニングを積んで準備をしてきたが、大会前日になって、生理が始まったことに気づいた。どうしよう……棄権するか、それともタンポンを変えずに42キロを走るか。彼女が選んだのはそのいずれでもなく、タンポンもナプキンも使わない自由な体で走ることだった。目的は、生理用品を入手できない世界の女性について、人々の問題意識を高めることであり、さらには「姉妹のような仲間の女性たち」に生理を恥ずかしいという気持ちを捨てるよう励ますためだった。

この挑戦は大きな成果を上げた。ガンディーの行動はメディアで大きく取り上げられ、一般の人々からも、侮辱ではなく励ましの声が多数寄せられた。しかも、ガンディーは4時間49分11秒という好タイムでレースを完走したのだ。

本来なら、すべての女性がオーガニックコットンの天然素材でできた安全なタンポンを利用できるようにするべきだが、実際にそれがかなうのは裕福な国の女性だけという現実がある。多くの国で、生理は女性にかけられた呪いのようにとらえられている。生理中の少女と女性は、料理をしたり、水源に触れたり、祈りの場や公共の場に行くことを禁じられる。アフリカでは、少女の10人に1人が生理中は学校を休む。インドでは少女の70%が、生理について耳にしたことがないまま初経を迎える。アフリカ東部では、少女の5人に4人が生理用品を使えず、医学的知識を与えられないままだ。ネパールの農村部では、生理中の女性を粗末な小屋に隔離する「チャウパディ」という古い風習が今も根強く残っている。

沈黙の文化を断ち切ろう

こうした制度的な問題は、高機能生理用ショーツだけでは解決しない。前出のクリス・ボベル准教授は、しばらく前から、ウガンダ、ケニア、インドで議論を高めるための活動を支援してきた。その体験を踏まえてこう語る。「魔法のような解決策は存在しません。シンクスの生理ショーツのようなプロジェクトは、具体的かつ合理的な改善策ですが、沈黙と恥の文化を打開することまではできないのです」

生理に対する沈黙を打ち破るための最大の障壁は、まだ残っている。「タブーを解消し、少女たちに知識を与えること。そして、インフラを整えて、攻撃や侮辱を受けることなく着替えたり生理用品を取り替えたりできるよう、安全で清潔でプライバシーのある場所を用意すること。それが実現すれば、事態は抜本的に改善するでしょう」と、コロンビア大学公衆衛生学部のマーニ・ソマー准教授は語る。

インドでは「生理男」の異名を取る男性、アルナーチャラム・ムルガナンダムが、生理の問題に取り組んだ。貧しい織物職人の息子として南インドで育った彼は、1998年、結婚の直後に妻が古着の端切れを生理用品代わりに使っていることに気づく。家族のための牛乳を買うか、生理用品を買うかを選ばなくてはならないという妻の説明を聞いて、ムルガナンダムは立ち上がる。数年かけて生理用ナプキンのさまざまな試作品を作り、妻だけではなく女子の医学生にも試用を依頼し、しまいには自分自身でも試しに使ってみた。隣人たちからは頭がおかしいと言われた。6年に及ぶ努力の末、ついに滅菌された生理用ナプキンを製造できる機械を作った。今日この機械はインド各地で2500台、他の17カ国で約100台使われている。機械1台の価格は2500ドルで、これで製造される生理用ナプキンの材料費は1パッケージあたり3セントと、通常の市販のナプキンよりもずっと安い。2014年、ムルガナンダムは「タイム」誌の「世界で最も影響力がある100人」に選ばれた。さらに、この機械のおかげで、女性たちが企業主として働けるようになった。

インド、グジャラート州の科学者スワティ・ベデカーは、ムルガナンダムの機械を2010年に1台購入した。砂漠の共同体に暮らす少女たちに出会い、生理中ずっと石の上や砂を入れた壺の上に座ったままでいるのを知ったことがきっかけだった。ベデカーは同じ女性として、少女たちを助けたいと思った。しかし、すぐに別の問題にぶつかる。インドのほとんどの村では、使用ずみのナプキンを紙に包み、ゴミと一緒に捨てるので、野犬がゴミを漁る。また、女性たちは経血を使って黒魔術を行うと信じている男性が少なくない。ベデカーの夫は植木鉢に似た素焼きのゴミ焼却炉を作った。これで、使用ずみのナプキンを簡単に、電気を使わずに、周囲に知られることなく焼却できる。

このようにインドでは小さな企業による改革が始まっている一方、アフリカでは、ザナアフリカ財団がナプキンを配布し、ケニアで毎年1万人を超える少女たちに生理をめぐる保健教育を行っている。2004年、ケニアは世界で初めて生理用品にかかる税金を全廃した。それでも課題は山積している。ザナアフリカ財団のジーナ・ライス＝ウィルチンズ代表は「国内で100万人の少女たちが毎年6週間の授業を生理のために休んでいて、思春期になると学校を中退する女子の数は男子の2倍に達します」と語る。「ケニアの女の子全員が中学校を卒業すれば、生涯にわたる貢献でケニアの国内総生産を46％上昇させることができます。貧困、虐待、結婚、妊娠など障壁は他にもたくさんありますが、少なくとも、生理が障害になる事態は解決するべきです。小さな革命が静かに進行しています」

> タンポンが
> 何でできているかについては、
> 衣料品の生産地ほども
> 知らされていない

生理があるということ

今日もなお、生理について話すことはタブーとされている。生理が恥ずかしいものではなくなった時代においても、そうなのだ。とりわけ発展途上国では、女性たちを排除する理由として生理が利用されているが、別の国では、毎月流れる血が闘いの武器にもなっている。

ビシュヌ (ネパール)

ネパールの伝統文化においては、初経が訪れると、13日間身を潜めていなくてはならないとされている。不浄だからという理由で、誰にも触れてはならないし、寺院にも行けない。父親や兄弟など身内の男性とも会えない。でも私は、この伝統に従わなかった。初めて生理が来たとき、誰にも言わずに秘密にした。学校を休みたくなかったし、自分が不浄ではないと知っていたから。鎖を断ち切りたい、生理なんかやっつけてしまいたいと思っていたから。

リステンラウナ (フィンランド)

12歳のときに初経があって、家族からも生理の話は聞いたことがなかったので、一体何が起きたのかわからなかった。自分はこのまま死ぬのだと思った。本当にそう思い込んでいたのだ。屋根裏部屋に隠れて、何時間もじっとしていた……でも、死ななかった。それから、何が起きたかすっかり忘れていたら、1カ月後、また同じことが起きた。

オビディ (フランス)

10代の頃、極左の活動やフェミニズムのグループとの交流があった。16歳のとき戦闘服を着ていたのを覚えている。ワッペンや丸の中にAと書かれたマークをつけていたことも……。それから、生理が来て、血が流れるのをそのままにしておいた。大きな染みができて、でもそのまま外を散歩した。まるで見せびらかすみたいにね。だから、もちろん周囲はびっくりしていた。みんなに生理の血を見せるのは、自分の体を、セクシュアリティーや子宮を武器のように使う方法だったのだと思う。そう、世間に自分のあそこを見せつけてやるっていうわけ。その後、さらに過激な挑戦として、ポルノ映画に出演した。

ハティジェ (トルコ)

ある日、トイレに行ったら、ショーツに茶色い染みができている。思わず「お母さん！」と叫んだら母が来て、何も言わずにバンと平手で私の顔を打った。何が起きたのかわからない。「私は何かをなくしてしまったのかな」と思ったが、結局何も理解できず、ショックを受けた。数日間悲しみにくれて、しかもお腹がキリキリと痛くて悲惨だった……それからしばらくして体がさらに成長し、胸が膨らんでくると、今度は自転車に乗るのも、木登りも、男の子たちと遊ぶのも父親に禁止されることになる。何もできなくなって、とても悲しかった……大人の女になどなりたくなかった。

エチオピアの
女性たち

エチオピアのオモ渓谷では、美の
基準は部族によって違う。ムルシ
の女性は丸いプレートを下唇には
めるのが魅力的とされる。ニャン
ガトムの女性たちはカラフルな首
飾りを幾重にも重ねてつける。

アナ・ミレナとの対話の記憶
火の娘

ジャーナリスト　バレンティナ・ロペス・マペ

家族から虐待を受けていたアナは13歳で家出し、コロンビアを恐怖に陥れる武装集団に仲間入りした。アナはここで完全な戦闘員に変身する。髪を短く切り、胸の膨らみを押し潰し、銃を使いこなす技術も身につける。女性としての自分本来の体を取り戻すには、母になるときを待たなくてはならなかった。母になって初めて、アナはようやく暴力から身を引いたのだ。

　私は実際に会う前からアナのことを知っていた。私も彼女と同じコロンビア人で、アナが戦闘員だった自分自身を演じる演劇の舞台を見たことがある。低い声と力強い存在感が印象的な人だった。でも同時に、黒髪を伸ばしたその美しい女性が、コロンビアを恐怖に陥れた極右の武装集団に参加していたということが信じられないとも思った。それは犠牲者の頭でサッカーをするような集団だったから。すぐに、インタビューしたいと思った。彼女を通して、私自身を、私自身の人間性をとらえ直すことができるかもしれない。

　インタビューの日が訪れた。怖いという気持ちがなかったと言ったら嘘になる。アナの話し方は初めのうち、まるでスピーチ原稿を読んでいるかのようだったが、少しずつ素顔を見せてくれるようになった。アナは継母のひどい暴力から逃れるため、13歳で武装集団に入った。彼女自身の言葉によれば、虐待を受けたのは強さが足りなかったからで、少女らしい体がそれを許してしまったのだ。そこでアナは、二度と暴力を受け入れないと誓った。そのためにはどんなことでも——「指揮官」になることも辞さない覚悟だった。しかし、まだ弱くて暴力に屈する立場だった頃は、女性の体が足かせとなっていた。「ここではタマとおちんちんがないと話を聞いてくれないの？」と尋ねたこともあったと、アナは振り返る。

　胸が膨らみ始めると、すぐに隠すようになった。髪を切り、男性を誘惑したりはせず、最終的には彼らの敬意を得るに至った。「他の女性と違うから優位に立てたということに気がついた。私の振る舞いも、武器を使いこなす

能力も……私はすっかり男になった気分でいた。小さい頃から、男みたいに考えることが、私を突き動かす力だったから」

　そう語るアナは、再び髪を伸ばしていた。メッセージアプリには、気取った写真を載せている。賛辞を素直に受け止めるのは今も苦手そうだが、少しずつ自分本来の体を取り戻しているらしい。彼女の体はかつて戦闘のため人工的に作り上げられ、社会に断罪され、物のようにおとしめられ、彼女自身のものではなくなっていた。しかし、母親になったとき、アナの世界はひっくり返ったのだ。闘いの最前線に行くことはなくなり、生き抜いて息子とともに「ただ死を待つのではなく本物の生に」立ち返ることが目標になった。それまで自分が与えられなかったチャンスを、息子には与えたい。同じ過ちを繰り返してはならない。そんな思いから、戦闘に疑問を抱くようになった。

　そしてアナとの出会いは、私の人生を変えた。この女性は残忍な行為に及んだ過去があるが、もろい存在でもある。そのもろさは、1つには女性の体のせいだ。でも、暴力や闘争から足を洗ったのは、女性という制約があったためなのだろうか。答えはまだわからない。ただはっきりしているのは、私たちの間には友情が芽生えたということ。アナはインタビューが終わると、「エッフェル塔が描かれたピンクの手帳を送って」と頼んできた。そしてこう言ったのを覚えている。「自分がピンクのものを欲しがるようになるなんて、想像もできなかったわ。前はピンクが大嫌いだったの！」

マリア・エミリア（ブラジル）

　私は69歳で、自分がとても美しいと思うわ。なぜかって？　高齢期をこんなふうに生きられているから。弱々しい老人になった気は全然しない。体は年取っても、精神は若いまま。鏡に裸の自分を映しても、衰えた女性だとは思えない。自分の老化した姿を見られるまで生きられたのは、神様がくれたすばらしい贈り物ね。15歳の少女の美しさも、30歳の女性の美しさも見てきたし、そして今は、60代女性の美しさを体験させてもらっているというわけ。

ノシフォ（南アフリカ共和国）

　南アフリカ共和国の女性でいるのは大変。乗り合いタクシーに乗れば女性が男性と同数以上であることを確かめなくてはならない。なぜなら、男性が多いとリスクがあるから。外に出たら歩き方にも気を配る。セクシーすぎると危険人物の気を引いてしまい、危ない目に遭うかもしれないから。この国で女性の体を持っているということは、いつでも身体的・性的な暴力の危険にさらされているということを意味する。

マムタ（インド）

マムタは結婚を受け入れたとき、相手の本性を予想もしていなかった。
まさか持参金が不十分だという理由で、
自分の顔に酸をかけるほど強欲で危険な男であるとは。

　私はインド人たちに尋ねたい。本当に美しさだけが重要なのだろうか。外観にばかりとらわれているインドとは、どんな国なのだろう。毎日、女性たちが私と同じ被害に遭っている。一体いつまで、こんなことが続くのだろうか。

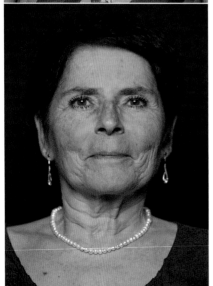

テレーズ（フランス）

テレーズは20歳のとき自動車事故に遭い、半身不随になった。

　私は2年間、耐えがたい事態に耐えるため自分の頭と体を切り離した。その後、頭と体は再び結びついた。私は女性としての自分の体と仲直りしたのだ。自分の体を愛し、かわいがり、少しはメイクもして、魅力的な服も着てみようと思うようになれた。車いすだけが目立つのは嫌だったから。ある日、男性を誘惑するのに成功し、自分にはすべてが可能であることを悟った。私は幸せだった。そう、車いすの女性だって、カップルとして生きることができるのだから。

フリサ（コロンビア）

　活動家だったある日、娘が誘拐されて、救い出すために身代わりにならなくてはならなかった……自分の体を差し出し、私は自分の体と決別した。何もかもを体のせいにした。ひどい傷跡が残る自分の体を、私は拒否した。小さい頃から、聖なるものだと教えられてきたこの体。それを汚すことができるのが誰かを決めるのは、私だけのはずだったのに。そう、私は汚されたと感じた……そして、もう見るのも嫌だった。それから体と和解できるまでに、ありとあらゆる努力をすることになる。自分の体と心は1つだということを理解するために……傷跡も、今ではその一部だ。私は自力で立ち直った。今日では、傷跡が見えるのを気にせず、胸元が開いたドレスを着ることができる……私は自分の体と和解したのだ。

ストップ・ストリート・ハラスメント

　米国のストップ・ストリート・ハラスメント（SSH）はブログから始まった非営利団体だ。性暴力の一形態であり、世界中に被害者がいるストリート・ハラスメントの問題に、2008年から取り組んでいる。SSHによれば、女性の65%が、公共の場で通りがかりの人にハラスメントを受けたことがある。これは深刻な人権問題に他ならない。

　SSHの活動の目的は、ストリート・ハラスメントの告発と撲滅である。最初の課題は問題への意識を高めること。ストリート・ハラスメントはいまだに取るに足らない問題だと思われがちだ（あるいは、悪いのは被害を受ける女性のほうだと言われることすらある）。必要なのは、これまであまりに不足していた統計資料と基本的研究資料を公に提供すること。さらに、一般市民への教育活動を行うこと。犠牲者と目撃者に、そして被害を与える側にも、ストリート・ハラスメントは許されない行為であることを知ってもらうためだ。

　SSHはポスター、パンフレット、教材、ビデオを中学校や高校に配布している。さらに、地域での活動を通じてストリート・ハラスメントと闘おうとする団体のため、支援と意見交換のプログラムを提供している。活動する国（フランス、インド、米国など）や、場所（バー、フェスティバル、公共交通機関、公共の広場、学校など）は問わない。

　すべての公共空間における男女平等、そして何よりも問題意識の高まりを促すために、SSHは2011年より世界各地で「ストリート・ハラスメントに反対する週間」を開催している。この輪は世界中に広がり、毎年30〜40カ国が参加している。

www.stopstreetharassment.org

ディグニティ・ピリオド

　エチオピアでは、アフリカの多くの国々と同様、生理について話すことはタブーとされている。女の子の大多数は、何の知識もないままに初経を迎える。恐怖と、生理にまつわる偏見から学校を休むことも多く、学習の遅れや、最悪の場合には退学にもつながりかねない。この点に関して、事態を明白に示すデータがある。学校を中退する男の子は全体の30%だが、女の子の場合は51%に跳ね上がるのだ。

　生理による不公平をなくすため立ち上がったのが、ディグニティ・ピリオド（「尊厳を持って生理を迎える」という意味が込められている）の創設者たちだ。当初、そのミッションは2つの目標に焦点を当てていた。エチオピアの少女たちが退学しないようにすることと、高品質の（そして無料の）生理用品が使えるようにすることだ。

　近年は「ディグニティ・ピリオド・ミッション275k」というキャンペーンに取り組んでいる。第一の目標は、『成長と変化』と題した教育用冊子27万5000部を、男の子と女の子に届けること。その目的は、知識を与えると同時に、生理に関する偏見をなくすことだ。第二の目標は、少女たちに生理用品（繰り返し使えるナプキン4個と下着2枚）13万7500セットを配布することだ。

　最後に、これらのナプキンはマリアム・セバ・プロダクツ・ファクトリーから購入されていることに注目しなくてはならない。フレワニ・メブラツという女性が経営する同社は、40人を超えるエチオピア人女性を雇用し、給与だけでなく研修や医療へのアクセスも提供している。ディグニティ・ピリオドの決然たる取り組みは、供給元まで首尾一貫しているのだ。

www.dignityperiod.org

私は美しい?

11% 世界の少女が「自分は美しい」と感じる割合は11%。大人の女性になると、4%しかいない。

72% 「美しくなくてはならない」というプレッシャーを強く感じる少女は全体の72%だ。

80% 「どんな女性もそれぞれ美しいところがある」という考えには同意するが、「自分を美しいと思わない」という女性は80%いる。

ダヴ、2016年

美しくなるために努力する理由

フランスでは、「外見に気を配るのは何よりもまず自分のためであり、自信を持つため」だという女性が50%。米国では、「美しい外見は力をもたらす」と考える女性が84%に達する。一方で、魅力的な外見のビジネスウーマンは、信頼できないとみなされ解雇される割合が高い。この現象を「ファムファタール(魔性の女)現象」と呼ぶ。

CSA Research、2014年／イプソス、2017年／Sex Roles、2019年

セクシュアル・ハラスメント防止に関する世界の法律

50カ国で法律がきちんと整備されていない。
女性を守るための法律が全く存在しない国は28カ国ある。

経済協力開発機構(OECD)、2014年

- 法律が整備されている
- 法律は整備されているが、適用に問題がある
- 法律がきちんと整備されていない
- 法案が検討中か、研究中
- 法律が存在しない

#MeToo

世界で8億1800万人の女性が参加した#MeToo運動は、女性に対する暴力やハラスメントの深刻さを浮き彫りにした。この運動により、有力者だった男性201人が失脚した。

アクションエイド、2019年／「ニューヨーク・タイムズ」紙、2018年

鏡で自分を見る回数は?

英国の平均

男性
1日**23**回

女性
1日**16**回

ava-j、2015年

セクシュアル・ハラスメント

55%

EU圏では55%の女性がセクシュアル・ハラスメントの被害に遭っている。

90%

チリでは90%の女性が公共の場でセクシュアル・ハラスメントを受けたことがある。またそのうち心に深い傷を受けたという女性は70%に達する。

75%

世界中で、セクシュアル・ハラスメントの被害者の75%は被害を届け出ない。

欧州議会調査局(EPRS)、2018年／Observatoire contre le harcèlement de rue、2014年／On Our Radar

7000万人

世界保健機関(WHO)の推定によれば、世界で摂食障害に苦しむ人は7000万人に達する。女性が生涯を通じて拒食症にかかるリスクは、男性の10倍に達する。

WHO

美容整形

世界で行われる美容整形外科手術の86.4%は女性が受けている。また、米国、ブラジル、日本、メキシコ、イタリアの5カ国だけで全体の38.4%を占める。種類別で2017年に多く実施されたのは豊胸手術(170万件)、脂肪吸引(160万件)、まぶたの整形(130万件)だった。同年のデータで、美容整形手術は132億ドルの利益を上げている。

国際美容外科学会(ISAPS)、2017年、2018年／
世界皮膚老化学会(IMCAS)、2018年

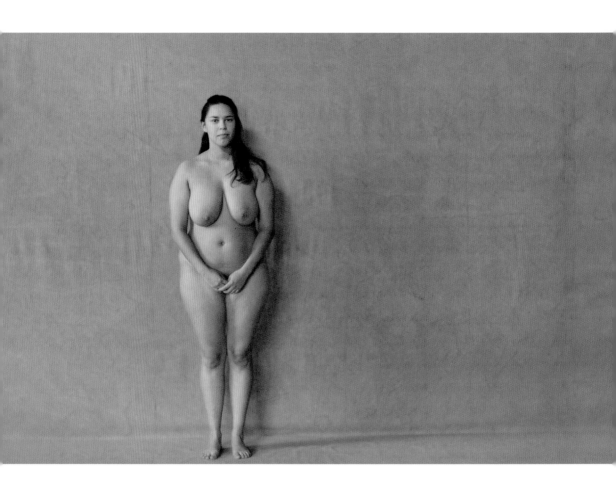

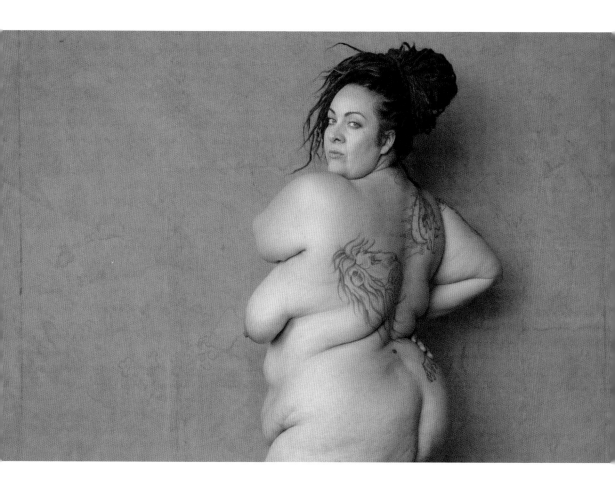

映画では、このセクションのテーマは、女性と自身の体との関係だ。そこで、典型的な女性像とは異なる女性の体と対峙できるような映像を、すべての人（女性も含めて）に見てもらうことにした。広告に登場する、完璧に修正されたイメージとは全く異なる映像だ。年齢も体の特徴もさまざまな数十人の女性たちに、カメラの前で裸になってもらった。

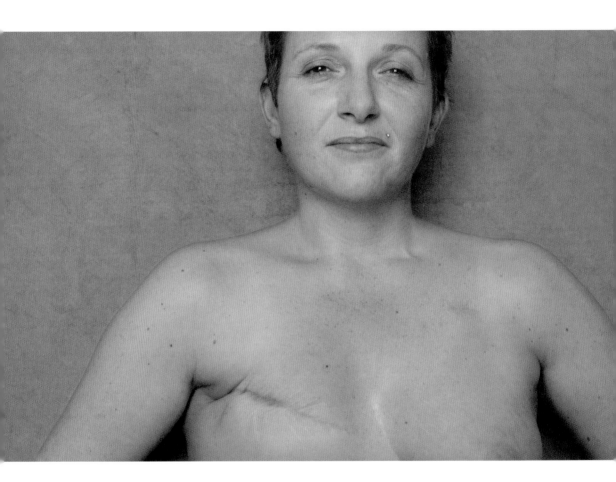

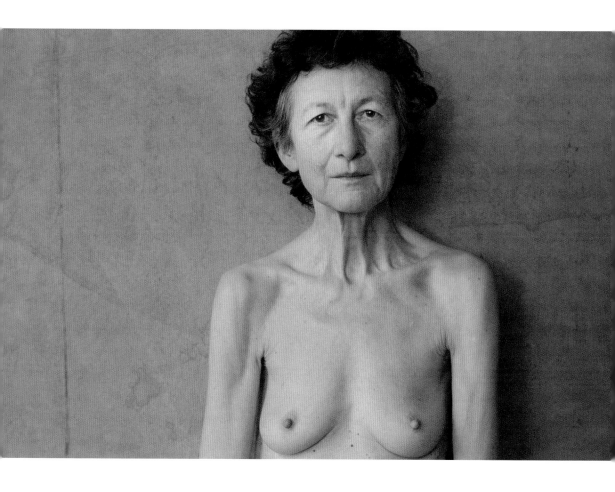

裸の女性たちを撮るにあたり、モノクロで撮影し、ポートレートを修正しないことで知られる世界的なファッションフォトグラファー、ピーター・リンドバーグとコラボレーションした。ピーターは、女性たちをリラックスさせながら、裸になることを「真の勇気ある行為」と称えた。この撮影は、ピーターが亡くなる前に行った最後の撮影の1つとなった。私たちはこの偉大なアーティストと仕事できたことに、誇りと感動を覚えている。

性を探求する

エマ（デンマーク）

2011年、エマ（当時20歳）は、ごくプライベートな状況で撮影された写真が、自分の同意なしにネット上で広まっているのを発見した。持続的な被害により精神的苦痛を受けたエマは、「リベンジポルノ」に対する闘いを挑むことを決めた。

私はスポーツが好きだったこともあり、周りより少し遅めに思春期を迎えた。そんな私にもついに生理が来て、胸が膨らんだ。突然胸が膨らんだのは嫌だった。私のセクシュアリティーはまだそれほど発達していなかったのに、自分がすっかり性的欲望の対象になったように感じた。まだ準備ができていないのに。もちろん若いからセックスには興味があったし、マスターベーションもした。でも、自分の中でのセクシュアリティーと、他人に欲望の対象として見られることとは、わけが違う。突然、私は欲望の対象になり、自分ではほとんど何も制御できない状況に置かれてしまったのだ。実際、女性のセクシュアリティーには二面性があると思う。つまり、女性が性的魅力を持つとき、一種の権力を得たとも言えるけれど、同時に、人間としての自分が縮小してしまう。セクシュアリティーは女性を抑圧するとは限らないが、女性を弱者にしてしまうのだ。

私は15歳から18歳まで、最初のボーイフレンドとつきあった。何もかもが初めてで、性を探求することに抵抗はなかった。彼と一緒に裸の写真を撮ったのが17歳のとき。そんなことはすっかり忘れていたある朝、メールのアカウントにアクセスできなくなっていた。やっとアクセスすると、びっくり仰天。知らないアドレスからメールが来ていた。17歳の頃に子ども部屋で撮った写真が、私の氏名、住所、電話番号つきでネット上に出回っていることに気づいた。

そのときどう思ったかとよく聞かれる。実はショックのあまり、何の感情も抱かなかった。こんなことをするなんて、一体なぜ、誰がと思うばかりで、全く現実味がなかったのだ。そっとしておけば、いつの間にかみんな忘れてしまう

> 女性が性的魅力を持つとき、一種の権力を得たとも言えるけれど、同時に、人間としての自分が縮小してしまう。セクシュアリティーは女性を抑圧するとは限らないが、女性を弱者にしてしまうのだ

だろうとも思った。ところが、それは大間違いだった。数週間のうちに、写真はFacebookの友達全員に送られた。電話がかかってくるし、街やネット上でも攻撃された。自宅の玄関先で声をかけられたこともある。「この売春婦、最低だな、両親が泣いてるよ」などというのはいいほうで、「お前なんかレイプされて死ねばいい」とまで言われた。

私の身に何が起きたのか。当時は、それを適切に表現する言葉がなかった。今では「リベンジポルノ」とか「同意なきポルノ」と呼ばれている。わかりやすく言うと、インターネット上での性的虐待だ。それが自分にとってどんな意味を持つのかを、私は今、理解しようとしている。最初に感じた感覚であり、そして今も一番強く感じているのが「何も自分ではコントロールできなくなった」という無力感だ。体もアイデンティティーも、セクシュアリティーもイメージもすべて、自分ではどうにもできなくなった。

自分が経験している困難が、女性のセクシュアリティーに関係しているという事実に気がつくと、私はフェミニズムに、そして人々が女性の裸体に向けるまなざしの問題に関心を抱くようになった。世界は女性蔑視に満ちている。事件の3年後、フォトグラファーのツェツィーリエ・ボトカーに連絡して、「同意」という共同プロジェクトを行うことを提案した。新たに撮影したヌード写真10枚を「私の体の新しい物語」というタイトルでインターネット上に発表し、「同意」という題名の文章を添えた。どうしても伝えたかったのは、「私は自分のセクシュアリティーを受け止め、自分の体を引き受ける。裸の胸を誰かに見られても構わないけれど、誰にどう見せるかを決める権利は持っていたい。ところが、その権利を奪った人がいたのだ」ということだ。そう、「同意」は何よりもまず、自分の体を取り戻すための方法なのだ。

www.ceciliebodker.com

アマランタ（コロンビア）

14歳のときだったと思う。同級生とのパーティーで泥酔して、ある男の子と寝た。翌朝、みんなが私たちを見ていたし、動画や写真も撮られ、学校中に私が尻軽女だという噂が広がっていることを知った。私がセックスをしたから。男たちは問題なくセックスできる。でも、私はそうじゃない。大きな怒りを感じた……。

あのときは早く経験したかっただけ。でも、女性として、それは間違いだったと理解した。その後は、セックスがしたくても我慢した。若い女性には尊厳が必要だし、男性には何もあげるべきじゃないから。

ハジャ（ベルギー）

強烈な瞬間だった。人生で最も美しい瞬間の1つだった。私の生まれ育った文化では、初体験はばかばかしいほど重視されている。イスラム教徒でもそうでなくても、すべての若い女の子たちにはこの重圧がずっしりとかかっていて、それは宗教の問題をはるかに超えている。それにもかかわらず、私の初体験は大きな喜びに満ちたものになった。

処女膜を捨て去るということ。できることなら処女膜をとっておいて額に入れて飾りたかった。あるいは捨て去って、それを言ってまわりたかった。あるいは、動画に撮ってインターネット上で公開しようかとすら思った。根本的な不平等を攻撃するためだ。そう、私は喜びを感じたが、それと同時に大きな憤りも感じていたのだ。

セレスティーナ（モザンビーク）

私はモザンビークのマクア族の出身だ。私たちには「成人の儀式」と呼ばれる伝統がある。女の子が集められて、コミュニティーを尊重することとともに、夫婦生活を営み、家事を行い、夫を誘惑することを学ぶのだ。私は14歳で参加して、他の女の子と同様、「模型」と呼ばれるペニスの形の棒をもらい、正しい持ち方や、性行為の後に清潔にする方法を教えられた。女性は絶対にベッドで男性を満足させなくてはならないと考えられているので、女の子たちはそうやって結婚に備えるのだ。

ローサ・マリア（コロンビア）

結婚まで処女を保つことは非常に重要視されているので、17歳で最初の女の子を産んだとき、もう誰も私と結婚してくれないだろうと思った。私にはおじがいて、私が妊娠していると知ると、相手の男を殺そうとした。結局殺さなかったのは、父が止めたからだ。もしも父が同意したら、本当に殺していただろう。私が暮らしていた地域では、女性の名誉を汚した者は死で償わなくてはならないとされているのだ。

マルト（ギニア／フランス）

　両親がずっと女性器切除に反対していたので、その女性は私をこっそり迎えにきた。部屋に入ると、カーテンが見えた。床には血がついていた。消毒液や血が染み込んだ綿が散らかっていて、引き返したくなったけれど、もう遅かった。台の上に押さえつけられて、脚を開かれた。「痛くしないで」と叫んでも、彼女は聞いてくれなくて、私の性器から何かを無理やり切り取った。麻酔なしだからとても痛かった。言葉では言い表せないくらい。血がたくさん出ても、まだ解放してもらえなかった。彼女によれば切除するべき部分を、私の肉のかけらをすっかり切り取るまで。

アシスタ（ベルギー／ブルキナファソ）

　子どもの頃に女性器切除をされた女性として、私が最大の復讐を果たしたのは、最初の学位を取ったときでも、イクセル市議会の議員に選ばれたときでもない。出産したときでもない。それは、最初のオーガズムを得たときだ。そのとき私は、すべての女性と男性に言ってやったのだ。「ほら、ごらんなさい。私が快楽を覚えるのを邪魔することは、誰にもできませんよ」

バルバラ（フランス）

　私はかつて悩みを抱えていた。もう27歳なのに、オーガズムが何かを知らない。ある日思い立って、小さな卵の形のバイブレーターを買った。特別な一夜のために予約しておいたホテルの一室で、そこら中にろうそくを灯し、音楽をかけた。ワインを飲んで……それからやってみた。そうしたら大成功！　本当に強力だった。そのめくるめく快感、体の芯から湧き出てくるほてりは、本当に気持ちがよくて、すぐに終わってしまうのだけが残念だった。それで私はまた始めた。その感覚について「ああ、もっと続いてくれればいいのに」と思っていたら、とうとう、完全な快楽の瞬間が訪れた。初めてのオーガズムだった。本当に感動的な体験だったので、その日付をタトゥーで入れてもらったくらい。そのタトゥーは、今もとても気に入っている。私は完全に花開き、成熟した女になったと、世界に宣言できるのだ。

スーザン（米国）

　教会にとって、性の問題はコントロールの手段として用いる必要があったのだろう。そうとしか説明できないと思う。他に、マスターベーションが重大なタブーとされる理由が思いつかない。大きな快楽をもたらすから、マスターベーションは恐ろしいものとされるのかもしれない。もしも女性がマスターベーションを許されたら、パートナーが必要なくなるから。私は、自分の子どもや孫がマスターベーションをしても、全然構わない。私のパートナーはこの話題を嫌がるけれど、それも、「あなたはもういらない」と言われるのを恐れているからだろうか。本当はそんなことはないのに。

アディス（キューバ）

　セックスをするとき、始めるのは彼のほうだ。いつもそう。私を愛撫し、おでこにキスをして、他の場所にキスをすることもある……ときどき、体を歯でかもうとすることもあって、そんなとき私はこう言う。「あんまり強くかまないで。キスマークをつけられるには、私は年を取りすぎているから」。そっとされると、誘われているように感じる。ここを……体の奥のほうを愛撫されると……いよいよスタートする……また別のやり方……挿入するというわけ。あらあら、なんていうことを言わされてしまったのかしら。この部分は使わないでしょう？　と言っても、すべてを打ち明けたわけではないけどね。あとは、私だけの秘密……。

ボマジー（マダガスカル）

　まるで人生のビタミンみたいだった。天国にいるようだった。愛し合っていたから、何も邪魔するものはなかった。私は彼を深く愛していて、彼に抱かれて愛され、彼は自分の性器から出たものを私の体の中に流し込む。天にも昇る気分になる瞬間だ。彼と1つになったと感じられるから。

フランスでは、10代の少女の4人に1人が自分にクリトリスがあることを知らず、83%はその役割を知らない。性的快感をもたらす器官であるクリトリスは、学校教育の現場ではすっかり置き去りにされている。「女性の快楽の神秘」などという言葉づかいはやめて、そろそろ、オーガズムに達するテクニックについて話そう。

女性の性感は、学んで身につける技術

マリー・コック著、「スティリスト」誌（フランス・パリ）に初出

2016年8月末、コロンブスのアメリカ大陸到達に匹敵する驚きとともに迎えられたのが、クリトリスの3Dモデルの公開だった。フランスで独自の研究活動をしている科学社会学者オディール・フィヨーが作り出したのは、クリトリスの先端から根にあたる部分まで全長10センチほどの小さなアーチ状をした器官のモデルで、しばらくの間、情報サイトやSNSで拡散し続けた。その解剖学的構造は1844年以来知られていたが、枝分かれしたクリトリス全体の構造がこのように公開されたことは、「最後の未開の地」である女性のセクシュアリティーについて、新時代の幕明けを告げる出来事として称賛された。

知識不足は深刻な問題だ。性教育改革の必要性を訴える人々からは、女性の性感を表現するボキャブラリーが不足している状況を補うため、新しい造語を提案する動きもある。たとえば、スウェーデンの性教育団体は、「クリトラ」という言葉を提案した。これは、スウェーデン語の「クリトリス」と「スパンコール」を組み合わせた造語で、女性のマスターベーションを意味する。今日、性教育に取り組む姿勢を根本的に変え、先入観にとらわれない実践的なアプローチを提案しようという動きは、他にもたくさんある。完全に新しく、健康的なアプローチによって、性差別やキャンパスでの性的暴力、スラットシェイミング（服装や行動が性的な規範から外れるとして女性が中傷されること）、あるいは、人々の無知というもっとシンプルな問題に挑むのだ。

そろそろあれについて話そう……

あなたの両親は、「その話」をしてくれただろうか。性教育の初歩を教えるという難題に挑んだだろうか。もしもそうなら、「自分の身を守らなくてはいけない」というメッセージを伝えるためのまわりくどい言い方に対し、あなたは何とかその意味を理解しようと努めたかもしれない。主要なメッセージは、誰とでも寝たりしてはいけない——特に、HIV（ヒト免疫不全ウイルス）を持っている人や、妊娠する可能性が高い相手は避けるべきだということだ。

高校の授業で私たちが教わったことも、内容は同じだ。学校は性教育のその部分について責任があると考えられていたのだ。パリの泌尿器科の外科医で性科学者のバンサン・ユペルタン医師は、今もクリトリスの位置を正確に知らない医療技師に出会うことがあるという。「学校における性教育の大きな欠陥です。取り上げるのは、エイズや性病、コンドームのことだけ。つまり、避妊と感染予防しか教えていないのです」

フランスでは、2001年7月4日に発効した法律により、

「性教育の授業は小学校、中学校、高校で、少なくとも年間3回行うこと」と定めている。つまり性教育は義務なのだが、現実には無視されたり、生物の授業の一部に格下げされたりすることが多い。当然ながら、この事態はフランス女男平等高等評議会の怒りを買った。同評議会は、フランスの性差別の実態に関する報告書を毎年政府に提出している独立諮問機関だ。2016年の報告書によると、調査対象となった公立および私立小学校3000校のうち4分の1は、性教育の義務を完全に怠っていた。また、法律違反ではないにせよ、授業内容が不完全なケースは多い。その結果、15歳の少女の4分の1はクリトリスの存在を知らず、83%はその役割を知らずにいる。

前出の科学社会学者フィヨーは「性教育は、感染予防

インスタグラムのタブーなき情報

インスタグラム上では多数の検閲が行われているが、セックスと性感に関するアカウントは近年増え続けている。#MeToo運動の波の後、特にフランスでは、その動きが目立つようになった。

こうした取り組みの背後には、主に2つの目的がある。まずは、性に関する偏見をなくすこと。それから（「とりわけ」と言っていいかもしれない）、現行の性教育に欠けている部分を埋めるという課題もある。たとえば、中学、高校で義務化されている性教育で、同意や性感という基本的な概念が扱われることはほとんどない。クリトリスについては、除外しているか、図解していない教科書がほとんどだ。

したがって、より親しみやすい（そして人目につかない）インターネットで情報を得るケースが多い。インスタグラムのこうしたアカウントを見ている人の内訳を見れば、状況は明らかだ。年齢別では若者（18〜30歳）が中心で、60%を女性が占めている。フランス語圏のアカウント名は「clitrevolution（クリトリスの革命）」、「tasjoui（あなたはオーガズムに達した）」、「leculnu（裸の尻）」など、挑発的なものが目立つ。主な話題は、避妊法、性感帯、解剖学的知識やセックストイ（性具）の紹介など。そこにタブーはなく、親切心とユーモアと教育的意図に貫かれ、参考になる画像がふんだんに見つかる。

と避妊が中心のネガティブな内容（不慮の妊娠、性病の感染、ポルノの使用、性的暴力など、避けたいものばかりを扱う）になりがちです。そして、2010年からWHOが推奨しているポジティブな姿勢の性教育は実現されていません」と批判する。「小学校は知識を広め、児童が潜在的な能力を発達させるための場であるにもかかわらず、そうした観点からの性教育は行われていません。子どもがセクシュアリティーを健全に発達させるための支援を怠っているだけではなく、性器の解剖学的構造と役割についての基礎知識すら全く提供していないのが現状なのです」

教科書の内容を詰め込めば、少女たちに知識がつくわけではない。フランスではクリトリスを正確に図解している教科書はマニャール社の「生命科学と地球科学」のみで、他の7社は不完全な図を掲載している。外陰部とクリトリスの体内の部分が細部まで描かれていないのだ。

経験から学べば最終的には大丈夫ではないかという意見もあるだろうが、これは間違った思い込みだ。2011年にフランスのフェミニズム団体「オゼ・ル・フェミニズム」が女性2600人を対象に行った調査では、成人しているにもかかわらず、クリトリスの位置が外陰部の一番上であることを知らない女性が80%に達した（11%が膣の入り口だと思っていた）。また、クリトリスの役割は快感をもたらすことだけだということを知らない女性が42%いた。

助産婦のソフィ・フリニエも、「自分の体に関する知識が不足しています。いまだに自分の性器の仕組みを知らない女性が少なくありません」と述べる。フリニエは著書『若年女性の会陰部（Périnée des filles）』で、女性の知られざる「魔法の筋肉」──会陰部について論じている。

「生まれつき知識が備わっているわけではない」

「今夜、あなたのベッドで、自分のあそこを研究してください」。そう叫んだのは、刑務所を舞台にしたドラマ『オレンジ・イズ・ニュー・ブラック』のソフィア・バーセットだ。シーズン2に登場するトランスジェンダー（ラバーン・コックスが演じている）で、おしっこは膣から出てくると思っている服役囚仲間の女性たちに向かって、このセリフを放つ。その直前には、外陰部のデッサンを見せながら、快感を得るには自分の性器をきちんと知ることが重要だと力説している。有益な授業だが、成人した女性が受講するチャンスは（この刑務所にでも入らない限り）ほぼない。

前出のユペルタン医師も、「性教育は一生続くべきものです。生まれつき知識が備わっているわけではありませ

んから」と述べる。問題はどこで学ぶかということだが、病院も難しそうだ。フランスでは「セクシュアリティーに関する診療は、美容整形外科と同様、社会保険は適用されません。しかも、長期にわたって診療を繰り返す必要があります」と説明される。スマホアプリはどうだろうか。2014年と2016年に、マスターベーションに特化した2つのアプリが、ポルノ画像を一切含まないにもかかわらず、App Storeから削除された。雑誌も頼りにならない。「いい雰囲気を演出しましょう」「関係にスパイスを加えましょう」といった抽象的なアドバイスばかりだ。女性の性感は頭の中で展開するものであり、男性の単純な仕組みとは違う、という思い込みを助長する記事が目立つ。

女性の性的快感について刺激的な調査を行った『女性の秘密（Secret des femmes）』の著者、エリザ・ブリュヌは「女性のセクシュアリティーについては、フロイトの理論が浸透して以来、今でも、心理学ですべてが説明できると考えられています」と述べている。「オーガズムに達しないとしたら、それはパパやママや教会や社会やおじいさんが、その女性に修復できないトラウマを与えてしまったからだというのです。情報不足や技術の問題だということに疑問の余地はないのに」。著書によれば、人類が進化の過程で二足歩行を始めたとき、クリトリスの位置が変わり、膣の入り口を離れて外陰部の最上部に移動したという。現状を総括すれば、ポルノ扱いされたり、「女性の快楽の神秘」という概念を揺るがすものとして非難されたりすることなく、実践的なアドバイスを見つけるのは難しい。

細かいテクニックを知る

女性の性感について実践的な情報を提供している性教育サイト「OMGyes」のエミリー・リンディンは「女性の性的な能力を高めるという考えについては、大部分の人が賛成のようですが、具体的な細部に踏み込もうとすると、いまだに品がないという感情的な反応を受けます」と語る。OMGyesのサイトでは、幅広い年齢層と背景を持つ女性たちが自宅でカメラに向かって告白し、さらには外陰部の映像とともにオーガズムに達するための最良のテクニックを披露する動画が豊富に見られる。

貴重な映像によって、外陰部の形（それに爪のおしゃれ）が一様ではない様子がわかるだけでも新鮮だが、7万5000人の購読者（有料会員）は、サイトが提供するバーチャル女性の外陰部を指で刺激して反応させ、テクニッ

クをテストすることができる（実際に刺激が快感につながっているかどうかを随時フィードバックしてくれる）。

このサイトの創立者であるレズビアンの女性リディア・ダニラーと、ヘテロ男性のロブ・パーキンズは、女性の性感について語ることがどれだけ困難かということを、大学時代に実感したという。大学で入手できる資料を丹念に当たった結果、実践的なアプローチを科学界が放棄しているという現実に気づいた。そこで、実際の女性たちに話を聞くことを決めた。

2人のプロジェクトは、大学生のレポートの域をはるかに超えていた。18〜95歳の女性2000人にインタビューし、どのようなテクニックが十分に効果的かを徹底的に聞き取り調査したのだ。「こうして得た集団知を自分自身の性生活に生かすだけでなく、多くの女性たちに提供したいという思いから、会員制のウェブサイトを立ち上げました」と、エミリー・リンディンは説明する。

新しい性教育

このように情報を広く共有することが、性教育の新時代を築くための鍵となるかもしれない。米国では、女性の性感に関する画期的な書物が2冊、2016年の年末に出版された。当時25歳のエイミー・ローズ・シュピーゲルが書いた『アクション セックスの本（Action, a Book about Sex）』は実践的なマニュアルで、先入観に（ヘテロを規範とする価値観にも）とらわれることなく、「どうやってプッシーをなめるか」といったテーマを扱う。一方、文学誌「n+1」や「ザ・ニューヨーカー」誌で活躍するジャーナリスト、エミリー・ウィットの『未来のセックス（Future Sex）』は、インターネットを活用した個人的体験談をつづっている（ユリシーズの冒険のようなこの旅は、ハッピーエンドを迎える）。

新世代の性教育について最大の情報源といえば、やはりYouTubeだろう。多くが大学卒のユーチューバーにより提供されている動画は、カジュアルなアプローチで人気を集めている。ラーシ・グリーンのチャンネル「Sex+」は登録者数が150万人を超える。自分自身の疑問や恐れ、期待から出発して、性感染症、外陰部の形、オーガズム、BDSM（ボンデージ、ドミネーション＝支配、サディズム、マゾヒズム）といったテーマを扱う。また、約70万人の登録者を持つハンナ・ウィットンは、「独学による権威」という立場で、理論的な知識と個人的な体験を融合させた情報提供を行い、性教育の革命を進めている。さあ、未来はどこに向かっているのだろうか。

SOSアフリケンヌ・アン・ダンジェ

SOSアフリケンヌ・アン・ダンジェ（SOS Afric-aines en Danger）の活動目的は、ただ1つ。女性器切除がいまだに広く行われているアフリカで、この習慣を根絶させることだ。

この組織の名称は「危機にあるアフリカ人女性を救うこと」を意味する。女性器切除を受けた亡命者を対象としたドゥテルテ博士による支援グループから発展して、2013年にパリで設立された。自らも被害に遭った女性たちが、西アフリカで起きている女性器切除や夫婦間のレイプといった犯罪の撲滅を目的に掲げる。性奴隷や経済的な奴隷の立場を逃れてきた体験を、自分の娘の世代が繰り返さなくてすむよう活動を続けている。

俳優オマール・シーの支援を受けているこの組織は現在、具体的なプロジェクトに的を絞って活動している。5年間、西アフリカ10カ国（セネガル、ベナン、ブルキナファソ、コートジボワール、ガンビア、ギニアビサウ、ギニア、マリ、モーリタニア、トーゴ）で無料診療バス10台を巡回させる計画だ。女性器切除の危険を広く一般市民に知らせると同時に、もちろん、切除を受けた少女や女性に必要な医療を提供している。

全体の予算は100万ユーロと推定され、現在、資金集めが行われている。まずセネガルで活動を始め、最初のバスが地元の医療関係者を乗せて巡回する予定だ。かつて切除を担当していた女性たちから成る協会も、この活動を支持している。女性器切除の儀式は破壊的な行為であり、その実践は国の法律によって禁じられているという事実について、若者たちとディベートを行う計画もある。

www.sosafricainesendanger.org

OMGyes

OMGyes（「オーマイゴッド、イエス！」の略）は米国の研究者のグループが運営する画期的なウェブサイトで、これまで表立って語られることがなかった女性の性感について、タブーなしの自由な情報を提供している。従来このテーマは議論される機会が少なく、口にすることは周囲を居心地悪くさせる下品な行為だとされてきた。研究者たちはこの状況を打破するべく、過去最大規模の全国調査を実施した。調査は、インディアナ大学医学部、同大学公衆衛生学部、キンゼイ研究所との提携により、18〜95歳の女性4000人を対象に行われた。

信じられないことだが、女性がセックスの経験を重ねるうちに発見し、より大きな快感につながるテクニックについては、それまで体系的に研究されたことがなかった。このサイトが公開している研究結果は科学界で正式に報告されたものであり、毎年増補され続けている。

OMGyesのサイトでは、体験とノウハウをシェアするために作られた動画や刺激的なインフォグラフィックを通して、楽しく知識を得ることができる。フランス語、日本語など12カ国語に翻訳され、調査に応じた女性たちが包み隠さず証言する動画が見られる。そして、指づかいの練習ができるインタラクティブな動画は、画期的なツールだ。1人で、あるいはパートナーと、じっくり取り組みたい。

www.omgyes.com

テリーとの対話の記憶
私の体は私のもの

ジャーナリスト　サスキア・ベベル

カトリック色の強いアイルランドは、長年にわたり女性の婚外交渉を犯罪としてきた。妊娠した女性を監禁し、出産と同時に子どもを取り上げるという習慣もあった。テリーはそんな苦しみを体験した女性だ。今ではそんな過去からすっかり解放されたという彼女が、社会に対する反逆、そして遅ればせながら発見したオーガズムについて語ってくれた。

テリーと出会ったのは、ダブリンでスタジオを設けるために借りた家でのことだった。身長150cmの小柄な女性で、足を引きずって歩く。彼女に会うのは4年ぶりだ。テリーは「マザー・アンド・ベビー・ホームズ」に収容された被害者として、闘いを続けている中心人物の1人だ。マザー・アンド・ベビー・ホームズは、かつてキリスト教会と国家の指揮のもと、妊娠した未婚女性を収容していた修道院や専用施設で、赤ちゃんは生まれるとすぐ養子に出すため引き離された。テリーもそうした施設に収容された未婚女性の1人だった。カトリック色が強く婚外交渉が犯罪とみなされていた20世紀のアイルランドで横行していた悪習について、怒りを訴え、告発している。

椅子に腰かけて化粧直しをする間、床から浮いた足がぶらぶら揺れるのを見て、私はテリーの足の下に箱を置いた。テリーは、かつて司祭、社会、国家によって監禁された女性として、困難な体験を語ることには慣れている。しかし、私が「これまでの人生で一番すばらしかった日は」と問うと、がらりと様子が変わった。「最初のオーガズムを感じたとき、と答えてもいいですか?」。半分ためらうように、しかし元気に笑いながら、彼女は尋ねた。驚いた私も笑い始め、ぜひとお願いした。「本当に?　これまで誰かに打ち明けたことはないのですが」と彼女は言う。そして、うつむき加減で話してくれた。50歳を過ぎて訪れた性的快感の発見は、テリーにとって大きな啓示だったのだ。テリーが生まれ育ったアイルランドでは、セックスはタブー視され、少女たちは自分の体を探求することがないよう

に、寝るときは上掛けの上で腕を組むよう教えられ、大人になっても自分にクリトリスがあることなど知らなかった。一言で言えば、キリスト教の価値観がすべてを支配していたのだ。

テリーにとって、セックスは夫婦生活の義務でしかなかった。「自分の体は社会に属し、キリスト教に属するものだと思っていました。私たちの頭と体には恐怖が植えつけられていたのです」。最初のオーガズムを得たときには、脳内出血を起こしたと思い込んだという。救急車を呼ばなくてはと本気で考えた。そのとき妹が、病気ではないと教えてくれた。こんなに長い間、ずっと知らずにいたなんて、とテリーは笑う。やっと呪縛から解放されて、自分の体を取り戻し、そして快楽を得るための力を手に入れたのだと話してくれた。

テリーは、自分の娘が「初体験」を迎えるための準備をしてあげることも、女性としての自分の役割だと考えている。とはいえ、セックスの話を娘にするときは恥ずかしいと感じたとも打ち明けてくれた。究極のタブーを打ち破ること、つまりセックスについて自由に語ることには、ずっとためらいがあったらしい。今では、それも吹っ切れた。

私たちはハグとキスをして、大笑いしながら、強い仲間意識を胸に別れた。ウーマン・プロジェクトの撮影中、オーガズムを知らない(あるいは遅くなってから発見した)数多くの女性たちに話を聞いたが、テリーもその1人だとは想像もしていなかった。

レッティ（キューバ）

娘と話すたび、こんなふうに言い聞かせている。「よく聞いて。いい仕事について、全世界を手に入れたいと思っているみたいだけれど、ベッドでいい関係を築けない限り、何も意味はないわよ。手抜きをしては駄目。お母さんは手抜きしないわ。自立した強い女性としてフェミニズムの旗を振り続けるのなら、なおさらベッドで恋人を大事にしなくては。そうでないと、逃げられてしまう。セックスの楽しみを与えてあげれば、ごほうびがもらえる。新しい車とか、子どもをロンドンに留学させるとかね。いつも、夢は大きく持ってね」と。

エメリータ（ルワンダ）

ある日、彼とセックスをして、ペニスでクリトリスを触られたとき、叫んだ。「頭で何かを感じている、まるで別の世界を」。そのとき彼が「違うよ、それはオーガズムだよ」と教えてくれた。私はとてもうれしかった。それからは、彼はいつもセックスの間、私が何度もオーガズムに達するようにしてくれるようになった。今も、私がいくまで彼は我慢してくれる。ときどき、彼がオーガズムに達して、私も同時にオーガズムを感じることがある。そんなときは本当に素敵で、叫ばずにはいられない。まるで天国にいるみたいな気分だから。

エステル（アイスランド）

30歳くらいのとき、何でも話す習慣がある親友がいて、ある日、バイブレーターの話をしてくれた。「試してみたいな」と私は言った。マスターベーションをしたことは、ただの一度もなかったのだ。「いいよ。貸してあげる。ちゃんと洗ってね」と言って、貸してくれた。その道具を借りて家に帰ると、さっそく始めた。バイブレーターをクリトリスに当ててスイッチを入れた。最初は嫌な感じだと思ったけれど、あれこれ試してみると、突然、私は爆発した。そうとしか表現できない体験だった。自分がそれまで本物のオーガズムを体験したことがなかったと気づいた。今、私は54歳で、バイブレーターがなければオーガズムは得られない。そのことを言う勇気はずっとなかった。

アドゥリ（トルコ）

オーガズムについて、私は何も知らない。テレビで話題にしているのは聞いたことがあるけれど、そのときも全然理解できなかった。テレビに出ていた女の人は「私はたくさん子どもがいるけど、オーガズムを知らない」と言っていた。セックスをして、でも快感を覚えるには至らないということらしいのだが、結局、そういう話は私にはわからない。

スンジュン（韓国）

両親が体験した伝統的で不幸な結婚生活を繰り返さないために、
スンジュンはポリアモリー（複数性愛）を選んだ。

　たくさんの手や舌が交差するような体験を試してみたい。3人でベッドインするのでも物足りなくて、多数のパートナーとの関係で得られる感覚を味わってみたい。そう思ったのは、人々が共有する集合的想像力の中で、セックスはいつも2人だけの関係に限られているから。

カロリーナ（ブラジル）

　私はティーンになりたての頃、ボーイフレンドがいた。彼は飽きることなく私の体を力強く求めた。私が黒人だからだというのが、彼の言い分だった。「君は黒人で、そのために生まれてきたみたいな体だ」と言った。というわけで、休む間もなく、しなくてはならなかった。それは性的虐待だった。でも、当時の私は自分の体についての意識が低かったので、状況が理解できなかった。「彼の言う通りに違いないから、やらなくちゃ」と思っていたのだ。14歳から15歳の頃だった。自分で自分を消し去っていたことに、そのときは全く気がつかなかった。私たちは、黒人女性を極度に性的な存在とみなす決めつけにとらわれていた。私は、自分の体が消費物のように利用されていると感じていた。私の体なのに！　彼のそんな態度が変わらなかったので、そのうち私も自分が置かれた状況を意識し始めた。そしてようやく関係を断ち切り、自分自身に向けるまなざしを変えることができたのだ。

バレリー（フランス）

　私はセックス中毒というわけではないけれど、自分が女だと感じ、愛されていると感じることはとても大切。そのことははっきり言える。正直に言おう。年を取れば取るほど、だんだんそう感じるチャンスは減っていく。母親なら誰でもそうだと思う。子どもを教育すること、大人になるまで育て上げることで頭がいっぱいになってしまうからだ。そして子どもが巣立ち始めると、一人ぼっちであることに気づく。そこで、さびしさを感じるようになるのだ。私はそんな気持ちを、まるでコンピューターの中のファイルのように封印していた。今は、恋人が欲しいと思う。

C. R.（米国）

　バギナは世界で一番パワフルなものだと思う。バギナは戦争を引き起こし、精神を救った。国を誕生させ、破壊した。そのためなら、人は何でもするのだ。私のそれはエベレストと同じくらいの価値がある。ただであげるわけにはいかないのだ。おわかりかしら。「飲みに連れていってあげるから、寝よう」なんてわけにはいかない。ウォッカ1杯分の価値しかないとでも思っているなら、それは間違い。私のバギナはあなたに星を見させてあげることだってできる。だから、交渉をやり直さなくてはならない。欲しいものを手に入れるために自分の性を利用してはいけないと考えられているのは知っているけれど、実際には、世界はそんなふうに動いているのだ。うまく利用すれば、世界をひざまずかせることだってできる。

女性器切除

2016年の統計で、過去に女性器切除（FGM）を受けた少女と女性は世界のおよそ30カ国で2億人を超えている。そこには14歳未満の少女4400万人も含まれる。毎年、300万人がFGMを受けていると推定される。

ユニセフ、2016年

イエス、それともノー？

南米の若者のうち、女性が「ノー」と言った場合の真意は「イエス」だと考える人が、女性の45%、男性の65%に達する。

オックスファム、2018年

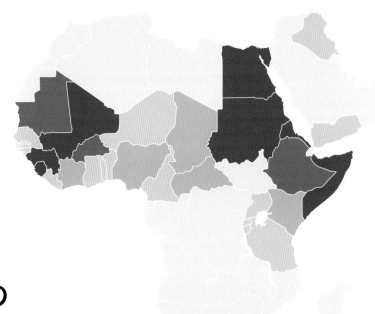

アフリカの女性器切除（FGM）

15〜49歳の女性のうちFGMを受けている人の割合を示す。FGMの慣習が最も根強く残っている国はソマリア（98%）で、ギニア（97%）、ジブチ（93%）がそれに続く。

ユニセフ、2019年

- 80%以上
- 50〜80%
- 20〜50%
- 20%未満

ポルノ

週に1度以上ポルノを見る女性は全体の3分の1を超え、毎日見るという女性も10%近くいる。

「マリ・クレール」誌、2015年

セックストイ

2017年、フランス人女性のほぼ半数（49%）が、少なくとも1度はセックストイ（性具）を使ったことがあると答えた（2007年には9%にとどまっていた）。74%はマスターベーションをしたことがあり、1970年代の19%から大きく増えている。

IFOP（フランス世論研究所）、2017年

イエス、イエス、イエス!?

米国では、オーガズムに達したふりをしたことがある女性は全体の67%を占める。過去または現在のパートナーが、オーガズムに達した後、自分にもオーガズムを得られるようにしてくれなかったという経験がある女性は、72%に上る。

「コスモポリタン」誌、2015年

愛は永遠……

「愛のないセックスはできない」と考えるフランス人の割合は、女性（67%）が男性（43%）を上回っている。

TNSソフル、2009年

選択の自由

サブサハラアフリカ
（サハラ以南のアフリカ）では、
パートナーがいる女性のうち、
性的関係において
自分自身に決定権があり、
避妊についても選択の自由があると
感じている人は、全体の52%にとどまる。

UNウィメン

避妊法

2億1400万人

発展途上国の出産可能年齢の女性のうち、近代的な避妊法を用いていない女性の数は2億1400万人に上る。その結果、不慮の妊娠が年間6000万件発生している。インドでは今も近代的な避妊法として最も頻繁に用いられるのは卵管結紮術（けっさく）で、65%に達する。

WHO、2018／Planning familial、2012／NewsDeeply、2016

性は、インタビューで質問するのが最も難しいテーマの1つだった。「オーガズム」という言葉を口に出して言うことすら、どうしてもできないという女性もいた。一方で、自分の体験を表現できる言葉がなかなか見つからないけれど、それでも性について語りたいという女性もいた。私たちはこのテーマにタブーを設けることなく取り組むことを目指した。とりわけ性産業で働く女性たち自身の声を聞きたいと願い、なぜこの職業を選んだのかを話してもらうことにした。

母になること

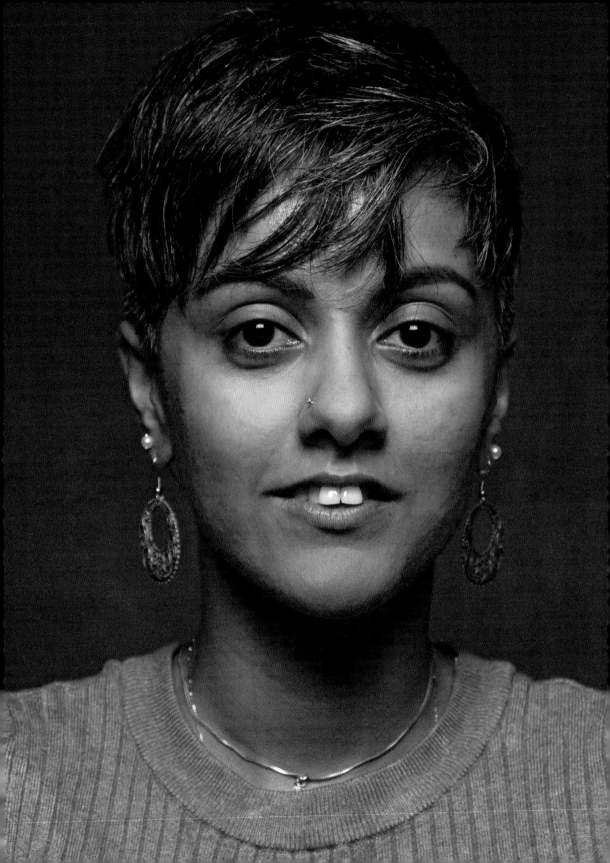

シャベーラ（モーリシャス）

シャベーラはパートナーに出産を反対され、人工妊娠中絶を余儀なくされた。モーリシャスでは、レイプされた場合や母体の生死を左右する場合を除いて、中絶は違法とされている。シャベーラは法的手続きによって、そして何よりも周囲から受けた断罪と屈辱によって、深い傷を負った。今もその傷は癒えていない。

中絶をしたのは2006年。今になってみると、馬鹿で世間知らずだったと思う。元パートナーとは、結婚はしないし、子どもも作らないと、お互い了承ずみのつきあいだった。でも、つきあって1年後に妊娠したとき、私は産もうと思った。モーリシャスでは、中絶は口にしにくい話題だ。でも、私が産むつもりだと伝えると、彼は「とんでもない！」とはねつけた。彼にはすでに子ども1人がいて、2人目はいらないと言っていた。その主張を曲げることはなかった。そしてついには「中絶しないなら、そこら中でお前の正体を明かしてやる。二度と就職できないし、生まれた子を育てることもできないぞ」と私を脅した。彼はモーリシャスではかなり名の知れた人だった。

私は結局、説得に屈したのだが、それは大きな間違いだった。非合法の中絶を行った結果、警察に連行され、起訴されたのだ。うきうきした気分で中絶する人などいないだろうけれど、それは非常につらい経験だった。常に良心の呵責を感じながら残りの人生を生きなくてはならな

いだけではなく、法を犯したことの影響も大きかった。当時のモーリシャスでは、非合法の中絶は10年の懲役刑に処せられる。私も有罪判決を下される恐れがあったので、裁判が続く3年の間ずっと、頭上に剣を吊されているような気分だった。心理的に大きな重圧を感じていたし、侮辱もされた。中絶は、すなわち婚外交渉を行ったことを意味し、モーリシャスでは、婚外交渉をする女性は何の価値もないと思われているのだ。

> ## うきうきした気分で
> ## 中絶する人など誰もいない。
> ## しかも、私は10年の懲役刑を
> ## 科せられる可能性があった。

それでも私は、この悲痛な体験から多くを学んだ。とりわけ、モーリシャスの社会が欺瞞に満ちていることを思い知った。女性は完全にモノ扱いされている。ここで言う欺瞞とはもちろん、21世紀の男女は結婚しなくても性的関係を結べるという事実を認めないことだ。みんなその事実を知っているのに、認めたがらない。私は自分の姪にも、もしも娘がいたら娘にも、私のような経験はしてほしくない。中絶するにしても、しないにしても。婚外交渉するにしても、しないにしても。

イレーヌ（フィンランド）

　双子が生まれたとき、2人を眺めながら「私の」子どもだ、と思った。自分の好きな服を着せることができるから。でも、すぐに気がついたのは「私が着替えさせなければ1日中同じ服を着ている」ということ。食べるのは私が与えるものだけ。2人は完全に私に頼りっきりなのだ。そう考えると、本当に不思議な感じがした。当初は責任の重さを恐ろしく感じたけれど、大きな愛がすべての恐れを覆い隠してしまった。

ティーナ（アイルランド）

　私は「子どもが欲しいと思ったことはない」と説明することに、人生の大部分を費やしてきた。ある種の罪悪感すら抱いていた。今はもう罪悪感はないし、説明する必要もなくなった。でも以前は社会的なプレッシャーを感じていたのだ。ただ確実に言える事実として、自分の中に母性を感じたことはない。実は長い間、ある朝目覚めたら、家族を作るべきだと決心する自分と出会えるのではないか、とも思っていた。でも結局、そうはならなかった。だからといって、人間性や愛の大切さを信じていないわけではない。ただ子どもが欲しいと思ったことはない、というだけだ。

アナ・クリスティーナ（ブラジル）

　私の人生に唯一足りないものは、私を「ママ」と呼んでくれる存在だ。私は子どもを産むことができないのだが、子どもが欲しかった。自分が空っぽだと感じて、つらかった。なぜなら、わが子ほど愛してくれる人はいないから。すべての女性は、命をゆずりわたすために、母にならなくてはならない。でも、私は、誰にもゆずりわたすことなく死んでいくのだ。

ミッチ（フィリピン）

　私にとって、女であるために、子どもを産むことは不可欠だ。自分の胎内で成し遂げなくてはならない、とても大切なことだと考えている。だから、出産可能な年齢のうちに、時間と闘わなくてはならない。昨年、私はついに卵子凍結をした。この先どうなっても、つまりは人生のパートナーが見つかっても見つからなくても、子どもを産むチャンスが得られるようにしておきたかったのだ。なぜ子どもを産むことが自分にとってこれほど大事なのか——正直なところ、きちんと考えたことはない。でもとにかく、子どもが欲しいのだ。養子を取ることは考えられない。わが子が自分の胎内で育つのを感じ、この世に誕生させるまでのすべての過程を味わいたいのだ。私は女として、そんな気持ちを強く持ち続けている。

ガエル＝マリー（フランス）

　専業主婦は重要な仕事だけれど、今日ではきちんと評価されていない。働いていないと言うと、「いいですね、家でのんびり過ごして、好きなことができて」と言われ、つまらない人だと思われているように感じる。でも、私はアメリカ文化研究の修士号を持っているし、教員資格試験にも合格している。優越感を抱いているわけではないけれど、家事をしておむつを替えるしか能がないわけでもない。そのせいか、私は2つの思いに引き裂かれる。働いていなければ自分がつまらない人間だと感じるし、働いていれば子どものために使う時間が減ることに罪悪感を覚えるのだ。

ジンジュ（韓国）

　子どもを産むと、義父母と夫の態度が変わった。一家にとって最初に生まれた赤ちゃん、つまり初孫だったので、みんな息子だけに注目し、私を「抜け殻」と呼ぶようになった。それで私は悩み始めた。ただ子どもを産むことだけが私の役割だったとしたら、なぜあんなに一生懸命勉強したのだろう。自分がDNAの伝達装置にすぎないように感じた。そんなわけで、喜びと悲しみが入り混じった時期を過ごした。

ベアトリス（メキシコ）

　私は36歳。体内時計のアラームは鳴りっぱなしで、「すぐに子どもを産まなければ一生母親にはなれない」と知らせてくるけれど、母親になれないことへの恐怖は周囲に刷り込まれたものにすぎないと、私は知っている。ある日目覚めて50歳になった自分に子どもがいないという事態を想像しても、私は何とも思わないだろう。母親や父親になることは、自己愛に満ちた行為だと思う。私にとっては自由でいることがとても大切なので、子どもがいないほうが幸せだ。だから、今世で母親になることはないと思う。

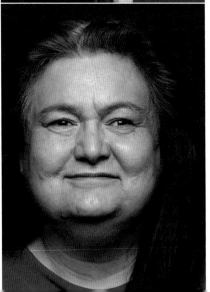

イリーナ（フィンランド）

　息子のルドルフが私の脚の間から出てくるのを見たとき、どんな人間も（怒っていたり暴力を振るったりする男も、権力を持つ男も独裁者も、つまりはどんなにおぞましい男も含めて）かつては無力な存在だったという事実に気がついた。彼らが生きているのは、育ててくれた母親のおかげなのだ。私は常に勇気を持って生きてきたけれど、怒る男の罵声には恐怖を覚えたものだ。でも、私の脚の間からルドルフが出てきたそのとき、恐怖は消えた。それは、自分がかつて常に恐怖を感じていたということに気づいた瞬間でもある。

ファラ（レバノン）

　母親ならふつう、わが子を胸に抱くのを待ちきれないものだ。でも私は違った。「なんて醜いのでしょう。どこかへ連れていって。少なくとも、私に渡す前にきれいに洗ってください」と頼んだ。看護師たちは「この人は一体どうしたのかしら」という顔で見ていた。翌朝、まだ寝ているとき、そばで子どもの泣き声がした。目を覚まして思った。「この泣いている厄介者は誰だろう」。すると「あなたの娘ですよ」と言われ、「そう、じゃあ何かあげて黙らせてください。眠りたいから」と答えた。私はすっかり疲れ切っていたのだ。でも許してもらえず「おっぱいをあげないと」と言われ、さらに困惑した。「でも、どうやっておっぱいをあげればいいのか、わからない」

アミナ（モザンビーク）

　分娩日に病院に行ったらお腹がひとりでに開いて赤ちゃんが出てきて、それからお腹が閉じるのだと思っていた。実際の出産がどんなものか、全く知らなかったのだ。まだ14歳で、お母さんになる準備はできていなかった。

子を持つことは最大の幸福。その社会通念は、はたして真実だろうか。
実は多くの女性たちが、母親の役割を引き受けたことを悔やんでいる。
それは誰にも打ち明けることの許されない感情だ。

母になったことを
後悔する女性たち

エステル・ゲーベル著、「南ドイツ新聞」（ドイツ、ミュンヘン）

ティルツァ（57歳）は、母になってもたらされたものは、わずらわしさと持続する不安だけだったと感じている。シャーロット（44歳）は、母であることによる感情的な恩恵は受けてないと断言する。アターリャ（45歳）は、他の母親たちが語る幸福感を理解できないと感じ、母であることは重荷でしかないと考えている。

女性たちの告白は、テルアビブ大学（イスラエル）の社会学者、オルナ・ドーナトが2015年に科学誌「サインズ：文化と社会の中の女性たちのジャーナル」で発表した論文から引用したものだ。ドーナトは25〜75歳のイスラエル人女性23人に徹底的な聞き取りを行い、母親の役割をめぐる感情を語ってもらった。

大部分の女性は中産階級出身で、子どもが1人または複数いて、シングルマザーもいればパートナーのいる母親もいる。子どもの年齢は1〜48歳で、すでに自身が親になっているケースもあった。

ドーナトが設けた唯一の参加基準は、事前に行ったアンケートで同じ回答をしているということだ。「もしも時間を巻き戻すことができたら、そして現在知っていることをそのまま維持できるとしたら、やはり母親になりたいですか？」という質問に対し、ティルツァ、シャーロット、アターリャを含む23人はみな、「いいえ」と答えていた。

母親になったことの後悔

ドーナトはこの現象を「母親になったことの後悔」と名づけている。彼女たちは、偶然ではなく自ら進んで母親になった。全員が子どもを愛していると言いながら、同時に母親の役割を不幸なものと感じ、母となったことを深く後悔している。後悔の念は、さまざまな困難が待ち受ける出産直後の数週間や数カ月間だけ生じるわけではなく、その後も消えることはない。持続的に心にのしかかり、子どもが成人してからも続くのだ。

この調査でドーナトはほぼ前人未踏の領域に足を踏み入れたと言っていい。過去にこのテーマが研究されたことはほとんどなく、長期的な調査や大規模な研究は、まだこれからだ。たとえば発達心理学の研究者は、女性の出産前の不安と出産後のうつ状態には高い関心を向けたが、母親になったことへの激しい後悔の念には着目してこなかった。社会学や人類学も同様だ。

しかし、子どもを産んだ後の世界が常にばら色と限らないことは、誰もが知っている。そんなケースはむしろまれだと言っていい。社会学では、いくつかの研究により、子どもを持つことが親の幸福感を高めるとは限らないことが示唆されている。2013年にベルリン社会科学学術センター（WZB）が25〜37歳の男女4900人を対象に行った調査でも、同様の結果が出ている。この調査によれば、

子どもを持つことが親の満足感を高めるとしても、それは短期的な現象にすぎない。子どもがいる人が、いない人に比べて平均して幸福感が高いのは、出産後の4年間だけだという。インターネットでも、母親であることに複雑な感情を吐露する女性の証言が多数見つかる。そのほとんどが匿名なのは、今日の社会で母親という役割についてネガティブな感情を表明することはタブーだからだ。母親であることは常にすばらしい体験であり、最高の幸福であるという概念が、社会規範になっている。それに反する感情は、たちまち「自然の摂理に反する」というレッテルを貼られてしまう。

完璧な母親のイメージ

過労、睡眠不足、身体的な変化、責任から生じるプレッシャー、自律と自由の喪失、かつての生活への未練……育児に伴う負の側面について、はっきり物を言う勇気のある女性はほとんどいない。社会学者で、『母親たちの恐怖：不安、嫉妬、攻撃性（Mütterterror: Angst, Neid und Aggressionen unter Müttern）』を執筆したクリスティーナ・ムントロースは、「母親の役割についてネガティブな感情を表現すれば、その人の社会的な地位や人物像が危うくなります」と言う。「すべてを期待される通りに成し遂げる完璧な母親」というイメージが、人々の心理に浸透しているからだ。

イスラエルの心理学者、リブカ・トゥバル゠マシアハとシリト・シャイオビッツ゠グルマンも、現代女性にのしかかるプレッシャーについて指摘する記事を発表している。母親は永遠に無条件の愛を子どもに注ぐ存在であるよう期待される。危機にあっては、心に鎧をまとい、子どもたちを安全なほうへ導かなくてはならない。自分自身の欲求は、いつも後回しにするのが当然とされる。

しかし、歴史を振り返れば、常にそうだったわけではない。ジェンダーによる役割分担が確立されたのも、職場と家庭が分断されたのも、産業革命による影響が表れ始めた19世紀後半以降のことだ。それ以前は、父と母が子連れで畑へ行き、一緒に働いていた。1850年代以降、男性が工場へ働きに行き、女性が家に残るようになると、もっぱら母親が子育てを担うことになった。

ナチス政権下のドイツは、理想の母親像を前面に打ち出した。そのイメージが今も人々の心理に根強く残っているようだ。アーリア人の繁栄に奉仕するべく、女性は総統（ヒットラー）のために出産し、子どもを育てることが唯一の任務とされた。第二次世界大戦後の1950年代になると、私的領域の重要性は高まる一方だった。それは「家庭への後退」と呼ぶべき現象だったと、ムントロースは指摘する。女性はそこでも母親という役割を唯一の選択肢として押しつけられたのである。

正常な女性

オルナ・ドーナトも、母性とは「文化的・歴史的に作られた虚構」にすぎないと指摘する。その虚構は人々の意識に深く浸透しているため、女性が母となったのを後悔することは精神異常か個人的な挫折だとみなされる。「調査

国境なきディベート

オルナ・ドーナトの調査が提起した問題は、数々の議論を巻き起こし、ときに白熱した論争がドイツ国内のみならずフランス、英国、フィンランド、オーストリア、スウェーデン、米国まで広がった。この結果明らかになったのは、「後悔する母親」は調査に参加したイスラエル人女性23人だけではないということだ。今も世界中で議論が続いている。

エッセイストのコリンヌ・マイヤールは、この論争に火をつけた1人だ。2007年に出版された著書『ノー・キッド　子どもを持たない40の理由（No kid, quarante raisons de ne pas avoir d'enfant）』は12カ国語に翻訳されている。自身も2児の母だが、フランス人に浸透している「神聖にして犯すべからず子ども崇拝」をユーモアたっぷりに批判する。2013年、英国人のイザベラ・ダットン（当時60歳）が大衆紙「デイリーメール」の記事で、子どもたちを愛しているし、きちんと子育てもしたが「人生最大の後悔は、子ども2人をもうけたこと」と告白すると、論争は再燃した。ドイツでは、サラ・フィッシャーが2016年に『母親の幸福の嘘（Die Mutter Glück Lüge）』を発表すると、やはり大きな批判が寄せられた。

母性の理想化されたイメージについて真の議論を促そうとする本が、次々と出版されている。このことは、中絶を含む女性の権利について後退が見られるなか、大きな意義を持つ。

対象となったのは、出産や育児で非常に困難な体験をした特殊な女性たちなのではないかと思うかもしれませんが、そうではありません。彼女たちはごく標準的な女性であり、母親という役割を世間とは異なる視点から評価し、認識しているだけなのです」とドーナトは説明する。調査参加者のうち5人は出産時に集中治療を受けていたが、たとえば身体障害児の母親は1人も含まれていない。

　ドーナトが指摘する問題は、都会で暮らす若くて上昇志向が強い女性が「家庭、仕事、恋愛のすべてに成功したい」と望むがゆえに感じるプレッシャーとは異なる。ドーナトが着目するのは、あらゆる女性にのしかかる社会的プレッシャーであり、その元凶は「すべての女性が自然と母親になることを望む」という固定観念だ。「多くの女性はそうかもしれません。でも、すべての女性が自動的に子どもを持ちたいと思うわけではないのです。単純な図式化はできません」と、ドーナトは説明する。

「私には合わない」

　ティルツァの例を見てみよう。離婚歴があり、2人の子どもを育て、今では孫もいる。「出産直後の数週間に、早くも自分の選択を後悔していました」と打ち明ける。「大惨事でした。自分には向いていないということに気がついたのです。まさに悪夢でした。子どもにお母さんと呼ばれるだけでも……今日もなお、その言葉を聞くと、私は振り向いて、誰に向かって言っているのだろうと思ってしまいます。母親という役割や、そこから生じる責任、義務を自分に結びつけることができないのです」。一方、ダニットという女性は、最初の子どもを産んだ後、自分にはどこか問題があると思ったという。でも、親として成長したはずだし、夫も助けてくれるから、2人目は違うだろうと期待した。「本当に私向きじゃない」と思ったのは、そののちのことだった。

　彼女たちは、なぜ、そんな思いを味わうのだろうか。ドーナトによれば、単純に説明できる理由はない。しかも、彼女たちの状況は、ジェンダーの問題とも関係ない。主に父親が子どもの面倒を見ているケースや、父親が子どもを引き取っているケースもあるからだ。ドーナトは「なぜ」ではなく、「なぜそう思ってはいけないのか」と自問する。「後悔は人生のありとあらゆる領域で起こり得るのだから、母親になったことへの後悔もあり得る。子どもを持つ

> 子どもを持つよう、
> 子どもが欲しいと願うよう、
> 社会が女性たちに強制している

よう、子どもが欲しいと願うよう、社会が女性たちに強制しているのです」

相反する感情を受け入れる

　ドーナトの研究では、しぶしぶ母親になった女性たちが子どもへの愛情が少ないかといえば、そうではないということも示唆されている。ドリーン（38歳）は、こう告白する。「説明するのは難しいですね。母親になったことは後悔しているけれど、子どもたちのことを後悔しているわけではないのです。子どもを持ったことは後悔しているけれど、子どもたちを愛しているから、いなくなったらいいのにとは思いません。ただ望むのは、母親でなかったらいいのに、ということです」

　「こうした葛藤を日常的に感じる女性は少なくありません」と言うのは、ハンブルク・エッペンドルフ大学病院のカウンセラー、ブリジット・ラムザウエルだ。「矛盾する感情を認め、受け入れ、日常生活に組み込むという成長のプロセスが必要です。母親が相反する気持ちを抱くのはごく正常なこと。しかも、負の感情がよい結果を生むこともあります。母子の関係が深まり、絆が強まる助けにもなり得るのです。問題が生じるのは、母親の矛盾する感情に子どもが長期間さらされた場合に限ります」

　また、後悔が絶対的な感情として持続するとは限らない。ドーナトの調査では、母親であることにポジティブな要素を見出すときもある、と答えた女性もいた。母親になることは刺激的な課題であり、おかげでかけがえのない体験をしたという女性や、母親になったおかげで社会に溶け込みやすくなったという女性もいる。ただ、母親になることの短所のほうが長所よりも重く感じられるというだけなのだ。母親には責任と不安がつきものである。人生のすべてが家族を中心に動くようになり、家族と仕事、そして私的な欲求との衝突が積み重なっていく。多くの母親たちが引き裂かれるような思いを経験し、それぞれ自分なりに状況を評価し、対処している。ジレンマを解消しようと試みる女性もいれば、母親になる選択をしたことを悔やむ女性もいる。

　結婚を後悔することがあるように、母親になったことを後悔する女性も一定数いるのだ。その事実をどうしても理解できないという人は多い。ムントロースは、「社会的に認められていないからです」と断言する。

ジェーン（デンマーク）

　出産の後、私はある種のうつ状態に陥った。自分の体がセクシーではなく、まるで栄養の塊のようになってしまったことが耐えられなかった。夫が私に対する見方を変えることはなく、「君は美しいと思う」と繰り返し言ってくれた。でもその言葉も私は受け入れられなかった。私は夫を罵倒し、家庭生活から逃避した。彼が帰宅して赤ちゃんの面倒を見る間、私は車を走らせて近くの駐車場に停め、涙が枯れるまで泣くこともあった。自分の人生のわなから抜けられないように感じていた。子ども、優しい夫、美しい人生、きれいな家、すべてを持っていたのに、そんな気持ちになる自分を責めた。

ソーラ・アルノルスドッティル

アイスランドで人気のテレビジャーナリスト

ソーラ・アルノルスドッティルは2012年、アイスランドの大統領選に出馬した。妊娠8カ月だったため、前代未聞の事態として、大きな論争を引き起こした。選挙期間が幕を開けると高い支持率を示したが、結局、一番のライバルだった現職大統領に届した。しかし、妊娠中の大統領候補がメディアに大きく取り上げられたことには意義があったと言えよう。世界一ジェンダー平等が進んでいると言われるアイスランドで、さらに偏見を覆し、人々の思い込みを変えさせたのだから。

テレビで人気のジャーナリストであるあなたが、アイスランドの大統領に立候補したのはなぜですか?

あの年、私は3人目を身ごもっていて、5月に出産する予定でしたから、正直なところ、大統領になることなど夢にも思っていませんでした。その頃、16年間権力の座にいたオラフル・ラグナル・グリムソン大統領が「再選により20年の任期達成を目指す」と宣言し、多くの人が、断固反対とは言わないまでも、うんざりした気持ちを表明しました。そして、私の元にメールや電話や手紙がたくさん届いたのです。「ソーラ、大統領選に出てオラフル・ラグナルと闘わなくては。対立候補が必要だし、あなたみたいに著名な女性でなくてはならない。しかもあなたは彼と正反対。女性だし、37歳で、もうすぐ出産予定だし」。確かに彼はもうすぐ70歳で、アイスランド共和国の大統領を長いこと務めていました。

政界進出は一大事ですよね。しかも大統領選ともなれば……。おまけに妊娠中のこと。決断は難しかったですか?

夫と話し合い、他に選択肢はないという結論に達しました。とはいえ、勝ち目はないとも思っていました。でも、4月初めに立候補を表明すると、支持率は悪くなかったのです。オラフル・ラグナルとほぼ同率でした。それから……実際のところ、選挙戦は非常に激しいもので、想像していたよりもずっと困難で、個人攻撃も受けました。娘を5月に出産し、10日間の産休を経て選挙戦を再開したのですが、当然ながら、異常とも前代未聞とも言える事態として、議論を巻き起こしました。「一体何ということだろう。もうすぐ出産する女性が大統領選に出るなんて」と批判されたのです。

そのような批判を受けたことに驚きましたか?

驚いたのは、そうした意見の持ち主が、男性や一定の年齢以上の女性だけではなかったことです。おおざっぱにまとめると「頭の中がどうなっているのか理解できない。子どもの面倒を見るべきなのに」というようなことを、同世代の女性からも言われました。もちろん私を応援してくれた人も本当に大勢いて、妊娠していても全然構わないと言ってくれました。一方で、ネガティブな意見を持つ人もたくさんいたのです。

それについてどう思いましたか?

私は反論するために、たとえばトニー・ブレア元英国首相など、かつて任期中に子どもが生まれた国家元首たちの例を挙げました。もちろん自分のお腹を痛めたわけではありませんが、彼らのケースでは、出産はすばらしいことであり、良識にもかなっているし、おめでたいことだと歓迎されたのです。さらには、権力者に人間的な一面をもたらすという利点もありました。ところが、女性になると話が違います。でもちょっと考えてみてください。子どもを産むのは世界で一番自然な行為の1つではありませんか。しかし社会規範はそうではないということに、私はそのとき気づかされたのです。

選挙期間中に向けられた偏見はそれだけでしたか?

直接的にはそれだけです。でも偏見は夫にも及びました。「これがふつうだと思うか」「あなたは家にいておむつを替えるのか」などという質問が、特に海外のメディアから寄せられ、いちいち応じなくてはなりませんでした。まるでおむつを替えたいと思ってはいけないみたいですが、実際、夫はおむつ替えが上手なんです。彼はいつも「妻がよいことをするのをサポートしてはいけないのですか? 妻を手伝うため主夫になろうと思ってはいけないのですか?」と応酬していました。残念なことに、私の予想を超えて、この議論は私の選挙戦の大部分を占めることになり、大変な思いをしました。私はある意味で開拓者になったのかもしれません。オラフル・ラグナルの前の大統領だったビグディス・フィンボガドゥティルは、独身の女性でした。結婚しているばかりか、母親である女性大統領など、人々は認めることはおろか、想像すらできなかったということです。

> 一体何ということだろう。もうすぐ出産する女性が大統領選に出るなんて

最終的に当選とはなりませんでしたが、あなたの立候補によって人々の意識を変えることができたと思いますか？

少なくとも、女性が出産適齢期だからといって、その間の仕事をあきらめなくてもいい、ということは示せたと思います。それから、キャリアを優先するために出産を先延ばしにしなくてもよい、ということも。やりたいと思ったら、両方やっていいのです。もちろん周囲のサポートは必要ですが。

そのサポートという概念や、カップル間での役割分担は大切だとお考えですか？

はい。わかりやすいように、育児休暇の例を挙げますね。具体的には、娘が生まれたとき、もちろん選挙戦が終わってからですが、5カ月間育児のため家にいました。その後の4カ月は夫がずっと家にいて育児をしました。このやり方はわが家では3回目です。子どもは3人いますが、産休はいつも夫婦が分担して取っていたのです。アイスランドでは誰でも9カ月間の産休を取れることになっていて、母親が3カ月、父親が3カ月、そして残りの3カ月はどちらが取るかを選べます。赤ちゃんを他でもない父親に預けて仕事に出られるのはありがたいことです。というわけで、私たちは権利を行使して産休を取ったのですが、それも批判されました。

いまだにステレオタイプは根強いのですね。法律が進歩しても、人々の意識は追いつかないのでしょうか。

その通りです。夫の父親は、息子が育休を取ると聞いて「4カ月も休みを取るのか」と驚いていました。何のために休むのか理解できなくて、「その間一体何をするつもりだ」とも聞いてきました。正直なところ、子どもがいる家では、時間を持て余すことなどないと思いますが。それから屋根を修理するべきだとも言ってきました。「妻が外で働いている間に、大の男がただ子どもの世話をするためだけに家にいるのはおかしい」という考えからです。幸い、状況は変わりつつあります。これからは私たちの望むような生き方ができる時代になりますし、選択の自由があるということが大切です。

「私たち」とは、女性たちを指しているのですよね。過去の世代の女性たちには選択の自由はありませんでした。

確かに。実は私自身、母親になるまで、自分の母親が払ってくれた犠牲を理解していませんでした。母は高い

学位を取り、かつてはフルタイムで働いていました。母がすべての家事を引き受けているのを、昔の私は批判したものでした。でもその世代の女性たちはみんなそうだったのです。ただし母は外で働いたことがある点、例外的でしたけれど。母はいつも、お裁縫をして、買い物をして、料理やお菓子作りもして、お皿を洗って、洗濯をしていました。私が母の寝る姿を初めて見たのは、彼女が年金暮らしになってからのことでした。父は働きに行き、帰ってくると、足をテーブルの上に載せてくつろいでいました。その姿に、息子たちは、どんな影響を受けたでしょう。私の兄や弟が「手伝って」と言われることはありませんでした。母は息子たちを、現代女性とは一緒に暮らせないような男に育て上げてしまったわけです。身の回りのことができない男性なんて、今時誰にも受け入れられませんよね。おまけに母は友達づきあいも犠牲にしてしまったのです。母には友人に会う時間なんてありませんでした。それも2019年の世の中にはそぐわない生き方です。私は女友達と会いますし、週2回サッカーにも行きます。それは私の時間です。男性は、女性——特に母親が、自分の時間を必要としていることを理解しなくてはなりません。母親にも自分の人生が必要なのです。

女性開拓者の系譜

人口32万人の小国アイスランドでは、多くの領域で男女平等が実現している。とりわけ政治の世界はそうだ。初めて女性候補者が（市議会選挙で）当選したのは、1908年までさかのぼる。ソーラ・アルノルスドッティルは現代女性として、女性開拓者の系譜に名を連ねたと言えよう。1980年6月28日、ビグディス・フィンボガドッティルはアイスランドの大統領になった。世界で初めて女性の国家元首が誕生したのである。2009年2月1日、ヨーハンナ・シーグルザルドッティルはアイスランド初の女性首相に就任し、同性愛者であることを公表した世界最初の首相にもなった。2017年11月30日からは、アイスランド緑の党の党首カトリーン・ヤコブスドッティルが首相を務めている。

プロファミリア

　プロファミリア（Profamilia）はコロンビアではよく知られ、尊敬されているNGOだ。国際家族計画連盟（IPPF）に加盟し、女性が自分の体についての選択権を握り、妊娠をコントロールできるようにするための活動を行っている。

　首都ボゴタを本拠とし、コロンビア国内に35のクリニックを展開し、55年前から弱者や貧しい人々を支援してきた。女性の権利の擁護（コロンビアでは2006年から中絶が合法化された）、コンドーム、経口避妊薬、妊娠検査薬の配布や性教育の授業をはじめ、数多くの事業を行っている。

　コロンビア国内の多様なニーズに応えながら、2016年からは被支援者の問題により特化した活動に注力してきた。「社会的介入モデル」を実行し、地域、コミュニティー（先住民、LGBTなど）、状況（障害があるかどうか）に特有の問題に対応している。多様性を尊重することが大原則だ。

　主な役割は、避妊に関して法律面も含めたアドバイスやサポートを提供することだ。さらに、避妊へのアクセスが限られている場所や、危険な中絶手術の増加などを現場から告発する役目もある。警鐘を鳴らすことで、法整備を促しているのだ。
www.profamilia.org

エキポップ

　1993年に医師とジャーナリストが設立したフランスのNGO、エキポップ（Equipop、「バランス」を意味するéquilibreと「人口」を意味するpopulationを合わせた名称）は、西アフリカのフランス語圏に暮らす女性たちの人権と健康のために活動している。性と妊娠・出産に関する権利にも取り組む。他の組織、地元の行政府、活動家たちと密接なネットワークを築き、そうした連携が活動の原動力となっている。

　エキポップは家族計画、産科医による診療、女性器切除の防止などに取り組んできたが、次第に少女向けの活動に重点を置くようになっている。

　西アフリカでは多くの女性が10代で最初の妊娠を体験していることから、健康、教育、将来の就労機会に重大な影響が及んでいる。エキポップは諸機関と協力し、体と権利に関する少女向けの教育プログラムを進めている。また保健医療機関のスタッフを対象とした啓蒙活動や、低年齢での結婚に歯止めをかけるための活動も行っている。さまざまな方策により、最終的にはステレオタイプな性差別を撲滅することが目的だ。親や政治家だけではなく男性たちも、変化の流れに加わりつつある。
www.equipop.org

母と子

ウーマン・プロジェクトに参加した女性たちは国も年齢も生き方もさまざまだが、全員に共通する絆があるとすれば、それは母親との絆だ。すべての女性が、自分の人生において母親が決定的な地位を占めていることを認める。お手本とするにしても、全く逆の人生を歩むにしても、だ。

カトリーヌとの対話の記憶
勇気と献身の人

ジャーナリスト　サラ・エル・ヨネス

「キャシーかあさん」という呼び名がよく似合うカトリーヌは、66歳の才気あふれる教師。セネガルのカザマンス川のほとりに暮らし、他者に尽くす人生を送ってきた。同じくらいすばらしいのは、1人で子ども5人を育て上げたことだ。不屈の精神を持つカトリーヌは、「女性は本質的に自立していて、責任を果たす存在だ」と考えている。

カザマンス川に面した町ジガンショールで、カトリーヌを知らない人はいない。66歳。「キャシーかあさん」という愛称もある。インタビューの初めから輝くような笑顔を見せ、撮影が特別な時間になるであろうことを予感させた。

最初に話してくれたのは、初経が訪れた日のこと。正確な日付も覚えている。1962年5月12日だ。それから、教会の出口でのファーストキスについて。恐怖に襲われ、男の子にキスされたことで「妊娠に"感染"したのではないか、心配」と修道女に打ち明け、大笑いされた。「情報不足はとんでもない考えにつながりかねない」と、カトリーヌは言う。

そして、生まれた娘の心臓に生まれつき欠陥があり、何度も手術を繰り返したことも話してくれた。その重荷に耐えかねた夫が家を出て17年間音信不通のまま、彼女は1人で5人の子どもを育てた。でもキャシーかあさんはへこたれない。教師として教育に全身全霊を注いだ。夫が戻ってきたとき、子どもたちはすでに就労する年齢になっていた。カトリーヌは「あなたたちのお父さんですよ。好きにしなさい。でも、もう私の夫ではありません」と子どもたちに言った。それでも離婚しなかったのは、周囲の目を恐れてのことだった。性生活について問うと、「牛乳を飲まないでいれば、別に飲みたいとも思わなくなるから」と微笑んだ。

カトリーヌにとって、女性であることは、愛情を注ぐことであり、中でも子どもに愛情を注ぐことを意味する。つまりは母親であるということだ。彼女によれば、授乳は母親が赤ちゃんの口元を眺めながら行うコミュニケーションに他ならない。おっぱいを吸い、かみつくことで、赤ちゃんは意思を伝える。「哺乳瓶では伝わらない。子どもはおっぱいを通じて私たちとコミュニケーションできる」と言う。

笑いに満ちたインタビューからは、彼女の勇気、献身、解放された精神が伝わってきて、心を打たれた。カトリーヌは、「母親であってもそうでなくても、女性は本質的に自立していて、責任があり、勇気ある存在」と考えている。撮影を担当した女性カメラマンも私も当時は子どもがいなかったこともあり、彼女のおかげで、少しだけ母性の魔法を垣間見たように感じた。

ウーマン・プロジェクトの撮影はすばらしい体験だった。大部分が女性スタッフで、ジャーナリストと監督6人が世界中から集まった。当時は誰も母親ではなかったのに、そのうち2人が妊娠したのだ。まるで出産みたいなプロジェクトだったと思わずにはいられない。そして私は2019年8月に男の赤ちゃんを産んだ。

ハティージェ（トルコ）

ハティージェと夫には、子どもができなかった。
不妊治療も効果がなく、養子を取ることを決める。

1992年7月11日、児童養護施設を訪ねたとき、かわいいと思える子は見当たらなかった。もう帰ろうとしていたところに、看護師さんが近づいてきた。浅黒い肌の子が中にいて、養子にするなら彼がいいと言われた。メルトという名前だという。会わせてもらうと、メルトはすぐににっこり笑った。ひざに乗せるとぴったり私にくっついてきた。私にキスをして、抱きしめてくれた。夫もメルトが大好きになったので、私たちは彼を迎え入れることに決めた。施設でひどい状態に置かれていたメルトを、私は強く抱きしめた。25年たった今も離れたくない。神が許すなら、ずっと抱きしめていたい。

サンドラ・マリア（ブラジル）

私はわが子のためにしか闘わない。子どもは家族だから。家族は私のもので、その世話をするのは私だ。地上にいる限り、そうなのだ。働くために闘い、住む場所を見つけるために闘い、食べるために闘う。簡単ではないけれど、信頼してくれる子どもがいるから闘わなくてはならない。私たちの力はそこから、つまり愛から生まれる。私たちはメスライオンだ。私たち母親が、家を見つけ、食べ物や衣服を手に入れ、敬意と尊厳を与える。それは私たち女性の役割なのだ。

ルネ（デンマーク）

子どもが自立すると、日々のルールがすっかり変わる。私は、自分が母親ではなくなってしまうという感覚にとらわれた。幸い、1人目が巣立ったときは、まだ他の子が家に残っていた。でも今はあと1人しかいないし、間もなく引っ越してしまうのが気がかりだ。上の娘が部屋をすっかり片づけたときのことを思い出す。まだ20歳にもなっていなかったのに、無邪気に広い世界へと旅立っていった。残された私は、まるで人生がどこかへ行ってしまうかのように感じてつらかった。母親でなければ、私たちは一体何なのだろう。女性としての私たちは何者なのか。私は今、その答えを見つけなくてはならない。

プムズィレ（南アフリカ共和国）

母親になったとき、私はすでに大きな責任のある仕事を持っていて、世界中を旅しなくてはならなかった。重要な職務に就いていると、子どもと距離ができてしまう。家族の大事な節目に、家にいることができないのだ。今日では、若い女性には、いつもこう言うことにしている。「ステップを飛ばさないように。仕事は待ってくれるから」。母親業には終わりがない。一生続ける仕事なのだ。母親は子どものATMで、ソーシャルワーカーで、弁護士で、ときにはパンチングボールでもある。こうした役割はすべて母親の上に積み重なっていく。同時に、強い人間でなくてはならないし、仕事で求められるようなリーダーでもいなくてはならない。マルチタスクとはまさにこのことだ。

クラリベル（コロンビア）

　結婚したのは15歳のとき。16歳で最初の娘が生まれ、17歳で2人目、18歳で3人目、20歳で4人目が生まれた。23歳のときに産んだ5人目は、また女の子だった。なぜそんなに立て続けに出産したか？　私が妊娠する、あるいはしない時期は夫が決めたし、彼はそうするべきだと考えていた。ピルは飲ませてくれなかった。ピルを飲むのは浮気をする女だというのが彼の考えだった。純真な女なら、男は1人しかいないから、自分では避妊はせず、男に任せるものだというのだ。

ナタリア（ロシア）

　私にとって、子宮摘出は人生の再出発を意味していた。子宮は過大評価されているというのが私の考えだ。子どもを産みたいなら必要な器官だけれど、そうでなければ何の役に立つだろう。自分が女性であることを実感するために、外からは見えないこの器官を持つ必要はない。でも、固定観念や都市伝説では、おかしなことをいろいろ耳にした。子宮を摘出すると男性の興味を引けなくなるとか、男性に魅力を感じなくなるとか、セックスライフは終わるとか、もうオーガズムを感じられなくなるとか……。でも実際そんなことはなかった。手術から1カ月もたたないうちに恋人ができて、彼は私の内臓がどうなっていようと全く気にしていない様子だった。

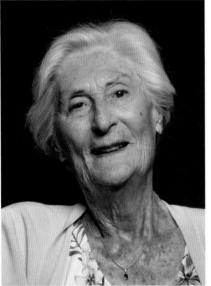

パウル（フランス）

　私が教育を受けた厳格なカトリックの学校では、たとえ信徒ではなくても、女の子はお行儀よくしていなくてはならないのがつらかった。ふつうのティーンエイジャーなら、同じ年代の仲間と一緒に出かけたり、ダンスやスポーツを楽しんだりできるのに。禁欲の教えを守るのは本当に大変だった。今の若者には理解できないだろう。そして、ピルが登場したおかげで、やっと自由になれたのだ。3キロ太ってしまうからとピルの使用をためらう女性には、「私たちなら、自由に生きるために、たとえ10キロ太ってでも喜んでピルを飲みましたよ」と言いたい。

マリヤン（ソマリア）

　毎月ピルが買えるほど、私は給料をもらっていない。夫もそう。外で荷車を引いて働いている。私も働く。子どもがいて、食べさせなくてはならないし、牛乳だって必要だから、避妊に使えるお金はない。だからアラーに「妊娠の間隔を開けてほしい」といつも祈っている。

産休がない国

9

世界で有給の産休を認めていない国は、マーシャル諸島共和国、ミクロネシア、ナウル、ニウエ、パラオ、パプアニューギニア、スリナム、トンガ、米国の9カ国だ。

World Policy Analysis Center

世界のパパの
育休事情

国際労働機関（ILO）、2018年

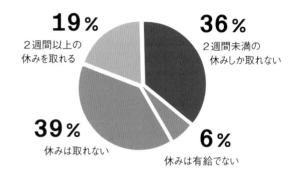

19%
2週間以上の休みを取れる

36%
2週間未満の休みしか取れない

39%
休みは取れない

6%
休みは有給でない

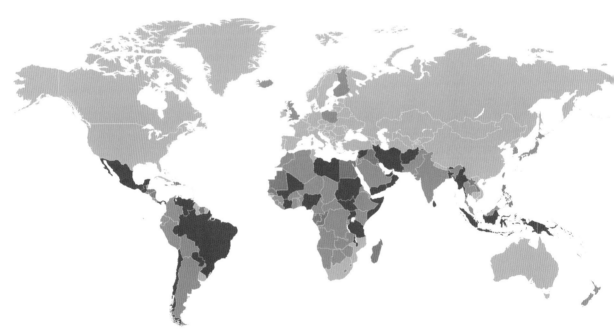

世界の
中絶事情

国際連合経済社会局

- 未公表
- 母親の生命に危険が及ぶ恐れがある場合のみ認められている
- 母親の健康に危険が及ぶ恐れがある場合のみ認められている
- 社会的・経済的な基準により認められている
- 認められている

世界の出生率

1人の女性が産む
子どもの数

6.0
5.5
5.0
4.5
4.0
3.5
3.0
2.5
2.0
年
1960 1965 1970 1975 1980 1985 1990 1995 2000 2005 2010 2015

世界全体の出生率は過去50年間に低下し、1人の女性が産む子どもの数（平均）は5人から2.2人に減った。最も少ないのは韓国の1.1人、多いのはニジェールの7.2人。

世界銀行、2019年

830人

妊産婦の死亡

1日あたり830人の妊産婦が、予防可能な原因によって命を落としている。妊産婦の死亡率が最も高いのはシエラレオネ（出生数10万人あたり1360人が死亡）で、続いて中央アフリカ共和国（同882人）、チャド（同856人）、ナイジェリア（同814人）、南スーダン（同789人）となっている。

WHO、2019年／WHO「Trends in Maternal Mortality: 1990 to 2015（妊産婦死亡率の推移：1990〜2015年）」、2015年

45%

世界の中絶の45%は非合法に行われている。毎分40人が隠れて中絶を行い、そのうち9人は死亡する。アフリカ、アジア、南米を中心に毎年2500万人の女性がこうしたリスクを冒している。

WHO、2017年／「ハフポスト」、2015年

2019年、米国の14州が中絶の権利を制限し、3州が中絶の権利を守るための法律を制定した。ポーランド、スペイン、ブラジルでも、中絶の権利が制限される様相だ。

アメリカ疾病予防管理センター（CDC）、2018年

一人親家庭

世界中で、14歳以下の子どもの17%が一人親家庭で暮らしている。そのうち88%が母子家庭だ。

The Spaced-out Scientist、2017年

世界の家事分担事情

無給の労働時間（1日あたり）

無給の仕事には、家事、買い物、育児、子どもと大人の介護、ボランティアを含む。

■ 男性　　■ 女性

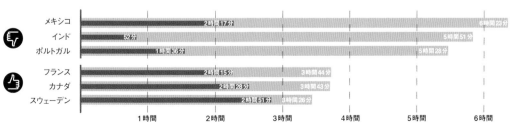

	男性	女性
メキシコ	2時間17分	6時間23分
インド	52分	5時間51分
ポルトガル	1時間36分	5時間28分
フランス	2時間15分	3時間44分
カナダ	2時間28分	3時間43分
スウェーデン	2時間51分	3時間26分

1時間　2時間　3時間　4時間　5時間　6時間

経済協力開発機構（OECD）、2015年

妊娠というテーマを表現するため、妊婦のお腹を極力クローズアップで撮影し、中にい
る赤ちゃんのかすかな胎動をとらえた。体内に生命を宿している母親たちが体験する
奇跡のような感覚を伝えたかった。それが、女性と新しい命の誕生を祝福する最良の
方法に思われたのだ。お腹を撮影させてくれたお母さんは、その後、女の子を産んだ。

生命を生み出せるかどうかは、今も男女間にある最大の違いだ。このプロジェクトにおいて母性はとても重要なテーマであり、それを言葉だけではなく映像でも見せたかった。インタビューに加えて、女性と子どもを一緒に撮影し、母親の日常生活を表現した。母子の間には何よりも強い感情的な絆がある。それは、世界中どこに行っても変わらない。

結婚について

ウプサナ（インド）

家どうしが決める結婚を拒否したとき、ウプサナはちょうど20歳だった。愛する男性と結ばれるためだ。その選択を後悔したことはない。

　まだ20歳の大学生だった頃、家族が勧める相手とお見合いさせられるようになった。親は私を結婚させようとしていたのだ。お見合いは最悪の体験だった。相手の母親が私の肌に触ってやわらかさを確かめたり、「幸運を呼ぶ」などという口実で髪の毛を触ったりすることもあった。まるで商品として売りに出されているような気がした。お店に並ぶ物に触ったり匂いをかいだりして、家に置くのにふさわしい品かどうか確かめるのと変わらない。

　相手の父親が私の父に電話で「お嬢さんは英語が話せますか？」と聞いてきたこともある。知性と会話力を備えながらも、小さな村での生活を甘受するのが嫁の条件というわけだ。その人たちとの面会はとりわけ不愉快なものだった。未来の姑は私の顔を見ようともしなかった。そのとき、私は心に決めた。「もうたくさん。侮辱されるだけで愛情を注いでもらえない人生は嫌だ」

　私の両親は意見を言える立場になかった。伝統的に、嫁候補の親は何も言わないことになっている。それに、インドの親たちは子ども思いで、娘の幸せを願うあまり、すべてを受け入れるのだ。だから、私は自分で自分を守るしかなかった。すべてのお見合いを断り、結婚そのものを、誰かの家に入って彼らの所有物となることを拒否した。

「決められた相手と結婚するのは嫌だ」と宣言した。父親に深く愛されているこの私が、なぜ侮辱されなくてはならないのか。とても耐えられない。私が心の中で繰り返したのは、「私は愛されなくてはならない。愛されるに値する」ということ。当時、私には愛する人がいて、まだ恋人ですらなかったのだけれど、彼が運命の人だと確信していたので、その人と結婚すると決めた。そして最終的に、両親も認めてくれた。

心の中で繰り返した。
「私は愛されなくてはならない。
愛されるに値する」

　結婚した日からずっと天国にいるみたいな気分だと、心から言える。夫が私のために料理をしてくれるなんて、夢に見たことすらなかった。彼はいつも私に気を配ってくれる。私が失業した日には、励まそうと家中にろうそくを灯して待っていてくれて、本当に愛されていると感じた。彼は無償の愛を注いでくれる。知り合って8年、結婚してから2年になるが、今でも私は、子どもが母親に愛されるように彼に愛されていると感じる。彼と一緒なら、私は素直に自分自身になれる。本当にすばらしいことだ。

サファー（モロッコ）

夫には感謝している。彼は私の人生そのものであり、私にとってすべてを意味する。苦境にあった私を利用するような人ではなかった。私は父親からも、兄弟や姉妹からも、家族にも社会にも愛されていなくて、足りないものばかりだったのだが、彼に出会い、欠けていたものをすべて彼の中に見つけ、すべてを彼にもらった。心も時間も才気も、何もかもを。私はいつも心から夫にこう言う。「あなたを深く愛している。あなたなしでは生きていけない」

アンヌ＝マリー（フランス）

17歳のとき、地元ベル＝イルでアトリエを持っていたカナダ人画家に、肖像画を描かせてほしいと言われた。でも、その人はただの友達。ある日、画家のアトリエを訪ねてきたラビが、私の未来の夫だった。その日、ずっと年上のラビと私は見つめ合い、それだけで通じ合った。まるで魔法みたいに。104歳になった私が今、一番恋しく思うのは、彼の手だ。毎晩、私の手を握ってくれていたから。彼は重い病気にかかっていたけれど、手を握り私を見つめてくれた。その時間が恋しくてたまらない。

テレーズ（レバノン）

結婚して50年もすると、夫婦は恋人どうしではなくなるものだ。恋愛感情は敬意に変わり、60歳か70歳で、きょうだいのような関係になる。そう、恋愛関係にあるのは最初だけで、その後、相互理解と呼ぶべき感情が生まれる。燃え上がった恋心は、憎しみに変わるわけではないが、消えてしまう。仕事に子育て、家計のやりくり、家事に追われて……しょうがないではないか。

ホリー・マリー（フィリピン）

教室をそうじしていたとき、彼が偶然、私の手に触れた。わざとではないとはいえ、私ははっとした。彼は謝り、それから私たちは見つめ合い、そのことにも私は驚いた。言葉がうまく出てこなくて、何も言えなくなった。一目ぼれというのは、まさにこのことだ。

郵便はがき

1 3 4 8 7 3 2

料金受取人払郵便

葛西局承認

6130

差出有効期間
令和4年12月31日
まで（切手不要）

（受取人）

日本郵便　葛西郵便局私書箱第30号
日経ナショナル ジオグラフィック社
読者サービスセンター 行

‖‖‖‖‖‖‖‖‖‖‖‖‖‖‖‖‖‖‖‖‖‖‖‖‖‖‖‖‖‖‖‖‖‖‖‖‖‖‖

お名前	フリガナ		年齢	性別
				1.男
				2.女

ご住所	フリガナ
☐☐☐-☐☐☐☐	

電話番号		ご職業	
（　　　　　）			
メールアドレス		@	

● ご記入いただいた住所やE-Mailアドレスなどに、DMやアンケートの送付、事務連絡を行う場合があります。このほか、
「個人情報取得に関するご説明」（http ://nng.nikkeibp.co.jp/nng/ p8/）をお読みいただき、ご同意のうえ、ご返送ください。

お客様ご意見カード

このたびは、ご購入ありがとうございます。皆さまのご意見・ご感想を今後の商品企画の参考にさせていただきますので、お手数ですが、以下のアンケートにご回答くださいますようお願い申し上げます。(□は該当欄に✔を記入してください)

ご購入商品名　お手数ですが、お買い求めいただいた商品タイトルをご記入ください

■ 本商品を何で知りましたか（複数選択可）
- □ 書店　　□ amazonなどのネット書店（　　　　　　　　　　　　　）
- □ 「ナショナル ジオグラフィック日本版」の広告、チラシ
- □ ナショナル ジオグラフィックのウェブサイト
- □ FacebookやTwitterなど　　□ その他（　　　　　　　　　　　）

■ ご購入の動機は何ですか（複数選択可）
- □ テーマに興味があった　□ ナショナル ジオグラフィックの商品だから
- □ プレゼント用に　　　　□ その他（　　　　　　　　　　　　　）

■ 内容はいかがでしたか（いずれか一つ）
- □ たいへん満足　　□ 満足　　□ ふつう　　□ 不満　　□ たいへん不満

■ 本商品のご感想やご意見をご記入ください

■ 商品として発売して欲しいテーマがありましたらご記入ください

■ 「ナショナル ジオグラフィック日本版」をご存じですか（いずれか一つ）
- □ 定期購読中　　□ 読んだことがある　　□ 知っているが読んだことはない　　□ 知らな

■ ご感想を商品の広告等、PRに使わせていただいてもよろしいですか（いずれか一つ）
- □ 実名で可　　□ 匿名で可（　　　　　　　　　　　　　）　　□ 不可

ご協力ありがとうございました。

レベッカ（デンマーク）

恋人とは出会い系アプリで知り合った。アプリを削除しようと思って最後にちょっと見たとき目にとまったのが、彼の写真だった。とても素敵だと思ったし、それに私に優しい言葉をかけてくれた。5日後、仕事帰りに飲みに行くことになった。それからナイトクラブに行って一晩中過ごした。翌日もまた会って、そのまた翌日も会って、それ以来離れることはなかった。そんなふうに私にぴったりの人と出会えるなんて、現実とは思えない。

キャロル＝アン（カナダ）

一目ぼれと呼べるかどうかはわからないけれど、レイチェルに初めて会ったとき、残りの人生を共にする人に出会ったと感じた。まるで爆弾が当たったみたいに。そんなふうに感じたことは一度もない。誰かとの出会いによって人生が完璧になり、自分がいるべき場所にいると思えるというのは、すばらしい体験だ。長いこと待たなくてはならなかったが、48歳にしてついにそんな体験ができたのだ。

ルシア（マダガスカル）

その男と私は15歳で結婚した。相手は41歳で、父に強制された結婚だった。夫はコブウシ1頭と70万アリアリ（約2万2000円）を父に渡した。夫が「もしも俺を愛さないなら、コブウシを返せ」と言ったとき、私の目標が決まった。コブウシを返すことができたら、再び学校に行くつもりだ。

実際には、ルシアは全く違う現実に直面することになる。毎晩夫にレイプされた結果、望まないまま女児を出産した。今、ルシアの最大の夢は、夫が浮気すること。そうなれば離婚が許される。

アンヌ（インド）

私の最初の結婚は3歳のときだった。その結婚生活が終わると、再婚しろという強い圧力を、家族だけでなく近所の人たちからも受けるようになった。私が夜遅い時間に帰宅すると、近所の人は家族に「なぜ結婚させないのか」と聞いてきた。そうしたプレッシャーがとてもつらくて、むしゃくしゃして外出することもある。どんな人かわからない男と結婚するために、あんなに勉強したわけではないのだ。それに、今では、自分で生活費を稼いで自活している。結婚したいかどうかは私が決めるし、するなら相手は私が選ぶ。

イリーナ（ルーマニア）

　夫にプロポーズされたとき、「私は何もできない。織物もできないし、縫い物も、料理もできない」と言うと、彼は答えた。「知ってるよ。でも君はまだ若いから、これから身につければいい」。私は方程式を解いてみせるように、こう返した。「これが私です。一人前の女性として扱ってくれるなら結婚できるけれど、そうでなければ、お断りです。真剣な態度で、私を大切にしてください。たとえ私が悪いことをしても、ぶったりしないで。もしも私が悪いなら、そう言ってください。それだけです。さもなければ、楽しく陽気に知り合ったように、楽しく陽気に別れましょう」。そして、私たちは33年を共にし、幸せな人生を送った。子どもも2人授った。美しく、知的で、賢い子たちだ。

アンジュリ（英国／インド）

　正しい相手と結婚したと確信できる理由？　それは、彼が私の成功を私自身よりも喜んでくれる人だから。彼は私と競ったりしない。自分に自信があるし、目標と目的を持って生きている人だから。彼と一緒なら、独身だった場合と同じことに挑戦できる。しかも、強力に応援してもらえる。彼のおかげで、1人でいた場合よりも多くのことを成し遂げられるのだ。

結婚制度の歴史において、近年の革命的な変化といえば、世界中の多くの地域で、文化の違いにかかわらず、結婚する当事者の意向が尊重されるようになったことだ。インドの風習も変わりつつある。カースト制度と宗教に基づく古来の伝統は根強く残っているものの、恋愛結婚が一般的になろうとしている。

恋愛結婚
という革命

リディマ・マルホートラ、「テヘルカ」誌（インド・ニューデリー）

2005年、大学へ進学するためニューデリーに引っ越したチャビは、サハーランプル（デリーの約160キロ北）出身の家族から、暗黙の決まりを守るよう期待されているのを感じていた。はっきり言われたことはなくても、明らかなことだった。恋愛は全面的に禁じられていて、彼女が都会に出るのを許されたのは、学位を取るためと、場合によっては数年間仕事をするためだけ。その後はすぐに両親が選んだ相手と結婚させられるはずだ。

ある意味、そのシナリオ通りになった。「ダウラット・ラム大学に入ったときは、まだ18歳でした。共学は悪い影響を与えると家族が考えていたので、出願が許されたのは女子大だけ。3年間の在学中は厳しい門限のある大学の寄宿舎で暮らしました」。そう語るチャビも今は30歳で、一児の母だ。

それでも、若き女子大生のチャビは恋に落ちた。激しい恋だった。「同級生の友人で、2年生の終わりにつきあい始めました」。学部を卒業すると、大学に残って広報の課程を1年間受講し、その後デリーで就職した。「その間、お互いの気持ちが本物だと確信するようになり、キャリアが安定したらすぐに結婚しようと約束しました。でも、家族は私の結婚相手を選ぶつもりでいます。恋人がいると何度か家族に打ち明けようとしたのですが、そのたびに背筋が寒くなってしまい、話せませんでした」

> インド人は昔から
> 結婚に強いこだわりを持ち、
> 結婚は今なお
> 重要な関心事とされている

結婚相手のカースト

チャビが年上のいとこにアドバイスを求めると、両親にすべてを打ち明けるよう勧められた。「母に話すと、母は怒って、信頼を裏切ったと言いました。恋人のことは猛反対されましたが、幸い母も父に伝える勇気はありませんでした。おかげで、私はデリーに住み続けることができたのです。また、私が26歳になってもなお、両親は理想の結婚相手を見つけることができず、これも私にとっては追い風でした。最終的に、父も恋人の存在をかぎつけたのですが、結局は彼との結婚を許してくれました」

チャビは続ける。「2人ともカーストがカーヤスタ（書記のカースト）だったおかげで、結婚への道のりは比較的楽でした。もしカーストが違っていたら、両親は結婚を許してくれなかったでしょう。両親は他の家族に、この結婚は遠

結婚制度の歴史

結婚という概念を進化させてきたのはインドだけではない。古代エジプトの人々は、必ず男女一対となる神々を模して結婚した。古代ギリシアでは、人類存続のために男女の結婚が不可欠と考えられていた。古代ローマではこの考え方がさらに発展する。富裕層の間で取り決められていた結婚は市民の義務とみなされ、初めて鉄製の結婚指輪の交換が行われた。

キリスト教は結婚制度の支配権を握り、結婚をサクラメント（重要な儀式）の1つとした。1542年にはトリエント公会議により、婚姻は証人の立ち会いのもと司祭の祝福を受けなくてはならないと定められ、離婚は不可能になった。

フランスで民事婚の制度が設けられたのは1792年のことだ。このとき、宗教儀式による結婚の前に民事婚の手続きをするよう義務づけられ、1884年には離婚が法的に認められた。ヨーロッパでは19世紀の間に、見合い結婚に代わって恋愛結婚が主流になり、20世紀に入るとその流れが加速した。また、婚姻のルールは一部（貞節や夫婦の助け合い）を除き、大きく変化してきた。2001年以降、世界27カ国で同性婚が認められている。

かつては見合い結婚が当たり前で、恋愛結婚は冷ややかな目で見られていた

い親戚が決めたものだと説明していたくらいです。娘が恋愛結婚をしたとなれば、親の恥ですから」

あり得ない話に聞こえるかもしれないが、インドの男女の多くが同じような体験をしている。21世紀においても結婚はデリケートな問題なのだ。インド人は昔から結婚に強いこだわりを持ち、インド社会で結婚は今なお重要な関心事とされている。

恋愛結婚と見合い結婚

インドではかつて、親が選んだ相手と結婚するのが当たり前で、恋愛結婚は冷ややかな目で見られていた。一生を共にすると決めた婚約者とは、結婚式の前に1、2回しか会わないのがふつうだった。21世紀に入ると、都市部では表面上少しだけやり方が変わったものの、どの階層においても、見知らぬ男女を結びつける儀式としての結婚が続いた。一方で、恋愛結婚をする人が増え、容認される傾向も見られたが、依然カースト制度と宗教に基づいた古くからの決まりに従わなくてはならない。インドは教育、テクノロジー、経済の分野で大きな発展を遂げてきたが、結婚をめぐる文化と規範については今なお保守的な国だ。

「結婚の歴史において、当事者の選択が認められるようになったのは、近年の出来事です」と言うのは、ムンバイのタタ社会科学研究所（TISS）のアールドラ・スレンドラン准教授（社会学）だ。「特にインドでは、結婚はカースト制度と親の意向に支配されます。地域や社会階層によって少しずつ異なりますが、結婚にまつわる規範は確実に存在し、違反行為は敵視されます」。スレンドラン准教授は、一般にインドでは男女交際そのものをよしとしない人が多いことも指摘する。

恋愛は社会秩序からの逸脱

インド全土で、若者は男女交際を抑制されている。最近、インド北部ハリヤナ州の地方紙がFacebookの公式ページにある動画を投稿し、これがたちまち拡散した。デリーの法廷弁護士と称する男性が撮影した動画で、公園で警官と警備員が若い男女（未成年ではない）に親の電話番号を尋ねる様子が映っている。2人の非行を親に警告するためだという。そこへ撮影者の弁護士が介入し、警官たちに「成人の2人が公園を散歩することは犯罪にあたらない」と告げる。

また2018年には、当時23歳だったアンキット・サクセナが、交際していた女性の父親に殺害される事件があった。宗教が異なることが理由だった。スレンドラン准教授によれば「恋愛は、カースト制度と社会秩序からの逸脱とみなされています。恋愛結婚を阻止しようとして発生する暴力事件が後を絶たないのは、その表れです。恋愛結婚は社会秩序への挑戦と受け止められるのです」。

息子や娘がカーストの違う相手と結婚することを恥辱ととらえる親族による「名誉犯罪」は、インドで多数報告されている。2018年初頭、インドの最高裁判所はカーストが異なる男女の結婚に反対していた複数の村議会に対して、「村議会も、個人も、企業も、成人男女による決定に疑問を呈してはならない」と命じた。

異宗教間の結婚に対する「聖戦」

宗教が異なる相手との結婚となると、状況はさらに深刻だ。異宗教間の結婚への反対を訴えるプロパガンダが、大々的に行われている。特に問題視されているのが、ヒンドゥー教徒の女性とイスラム教徒またはキリスト教徒の男性との結婚。イスラム教徒の男性がヒンドゥー教徒の女性との結婚を望めば、必ず「ラブ・ジハード（恋愛聖戦）」と糾弾される。無防備なヒンドゥー教徒の若い女性をイスラム教やキリスト教に改宗させようとする秘密の工作と疑われてしまう。しかし、仮にそんな作戦が存在したとしても、実際には、夫の宗教に変えたりしない女性がほとんどだ。

大学時代からのカップル、クリティカ・マトゥールとシャリフ・カマルは、異宗教どうしが改宗することなく結婚できると定めた1954年の法律のもと、2015年に結婚した。インドのエネルギー・資源研究所（TERI）に勤務するカマルは、「私の両親は賛成ではないものの、反対もしませんでした。息子の幸せを願ってくれたのです。でも、クリティカの母親は大っぴらに反対を表明しました」と語る。両家を説得したのち、若い2人は宗教的なセレモニーを行わず、民事婚で結ばれた。ニューデリーのアンベードカル大学で経済学と財政学を教えるクリティカは、「夫の家族は誰も、私がイスラム教に改宗することを望んでいませんでした。イスラム教徒の女性を迎えるのと同じように、私を迎えてくれたのです」と振り返る。「今では、アイシャという名前の娘がいます。ヒンドゥー教でもイスラム教でも使われる名前です。夫婦それぞれが自分の宗教を信仰しています。私は家に小さなヒンドゥー教の祭壇を置き、毎日ギーター（ヒンドゥー教の聖典）を読んでいますし、夫は毎週金曜日モスクへ通っています。私の両親も、今では喜んでくれています」

> 父権的で封建的な
> メンタリティーにより、
> 女性は家族の所有物と
> 考えられている

イスラム教に改宗してイスラム教徒の男性と結婚したハディヤの事件は、「ラブ・ジハード」に関する代表的な事例として知られている。インド南西部ケララ州の高等裁判所とインドの最高裁判所が、いずれもこの女性が改宗する権利に疑問を呈した。インドの国家調査局（NIA）も、結婚するために改宗を迫られたのかどうかを確かめるため調査を行った。最終的には最高裁判所が、ハディヤが成人していることから人生について自分で決定する自由があると判断した。

家族の所有物としての女性

インドにおける恋愛と結婚について、他にも特筆すべき事実がある。女性は男性よりも抑圧されているということだ。父権的、封建的な意識が根強いために、女性は家族の所有物と考えられている。女性が自立した存在であること、意思と権利を持っていることは否定されているのだ。現代においても、都市部か地方かを問わず、女性たちは監視されている。男性と交際し、自ら未来の夫を選ぼうとすれば釈明を求められる。

「歴史学も人類学も、女性のセクシュアリティを統制することが結婚の規範づくりの中核をなしていたことを示唆しています」と、スレンドラン准教授は述べる。「女性のセクシュアリティは家族の名誉の柱であり、女性にパー

トナーを選ばせることは、綿密に作り上げた秩序を揺るがしかねません。そうした秩序は、他のヒエラルキーを維持する上でも不可欠だったのです。より高いカーストや有力なコミュニティーに属している女性との恋愛は、暴力的な反応を引き起こします。結婚は女性のアイデンティティーを夫の家族が吸収することだからです。不釣り合いな結婚は、カーストや権力のある集団の純血と優位を汚すものなのです」

革命は進行中

今日インドでは結婚前に性交渉を持つ若者が増えているが、女性のセクシュアリティーと処女性はいまだに古い規範に支配されている。2018年、インド西部のプネーで初夜に新婦が処女であることを確かめる「処女検査」を告発した男性3人が、村議会の命令により集団リンチを受けるという事件があった。

イラ・トリベリは2014年の著書『恋するインド　21世紀の結婚と性（India in love. Marriage and Sexuality in the 21st Century）』の中で、インド人は恋愛革命の途上にあると指摘する。「インド全国をめぐり、ありとあらゆる立場の人に話を聞いた結果、根本的な変化が進行中であることがわかった」と述べ、次のように結論づける。「恋愛革命は、伝統的な見合い結婚に終止符を打つだろう。これは非常に重要なことだ。なぜなら、それは、親による支配と、カーストやコミュニティーに基づくアイデンティティーの終わりを意味するからだ。離婚率が急上昇している現実を見れば、もしかしたら結婚そのものの終わりをも意味するかもしれない。親が決める結婚から恋愛結婚への転換は一夜にして起きるものではない。変化はゆっくりと、少しずつ訪れるだろう。しかし確実に言えるのは、革命が進行しているということだ」

> 親が決める結婚から
> 恋愛結婚への転換は
> 一夜にして起きるものではない。
> しかし、革命は
> 確実に進行している

ファティマタ・ムバイ

モーリタニア初の女性弁護士

困難な少女時代を送ったが、逆境にくじけるところか、むしろ強さを身につけた。12歳のとき、はるかに年上の男性と強制結婚させられたが、学校へ行くために闘い、さらにはモーリタニアにおける夫婦間レイプの現状を告発するために立ち上がった。この国では、今も夫婦間レイプは処罰の対象とされていない。ファティマタはモーリタニア史上初の女性弁護士になって以来、30年あまりにわたって、自国の女性や「声なき人」の権利を守るための活動を続けてきた。その活動は数々の国際的な賞を受賞している。

あなたはモーリタニア人の女性であり、弁護士・人権活動家であり、3児の母親でもあります。社会の規範に挑み、さまざまな不正と闘っています。自分をどう定義しますか?

いずれにしても、標準的な女性ではありません。特定の階級、家族、民族に属してはいますが、伝統的な女性とはかけ離れています。そういうわけで、障壁を壊し、社会と家族による支配から解放されたいと願っています。一言で言えば、民主主義社会で自由を享受して生きたいと望む現代の女性です。

自由に生きたいという思いは、どこから生まれたのですか?

まだ子どもの頃、学校へ行きたかったのに両親に結婚させられました。自分で望んだわけではありません。夫は嫉妬深く、まだ子どもだった私の心を理解してくれなかったので、私は不幸でした。私はまだ12歳で、学校に通っていて、友達で結婚している子はいませんでした。自由な少女時代を送りたかったのに、夫は私を家に閉じ込め、外出を禁じました。1度だけ夜中に実家へ逃げ帰ったことがあります。小さな両手でドアを叩いて開けてもらうと、全速力で中に飛び込み、もうそこから出たくないと思いましたが、許されませんでした。放課後は夫の家に帰らなくてはならず、夫の姿を見ないですむようノートを持って寝室か台所に閉じこもっていました。本当に夫が嫌でたまらなかったのです。

> 私がとりわけ大きな
> 悲しみを感じたのは、
> 妊娠したとき。
> 13歳で、自分に何が
> 起きたのか理解できなかった

周囲の無理解による苦痛は容易に想像できます。まだ12歳だったのですから。

私がとりわけ大きな悲しみを感じたのは、妊娠したときです。まだ13歳で、自分に何が起きたのか全く理解できませんでした。家族の中の大人である母や年上の女のいとこたちが、私に多大な注意を向けてくれるようになりましたが、それがなぜなのかもわかりません。とうとう、赤ちゃんが生まれるのだと教えられました。まだ学校に通っているのに子どもを産むというのは、奇妙なことでした。中学生の私の生活において娘の存在は重要ではなく、ときにはすっかり忘れてしまうこともあったくらいです。自分が母親で、赤ちゃんの面倒を見なくてはならないということが、信じられませんでした。母は31歳の若さでおばあちゃんになりましたが、当時、私の弟がまだ乳児だったこともあ

り、私が産んだ赤ちゃんにも授乳してくれたんです。おかげで、正直、娘の存在は忘れていました。年上の女のいとこが、私が学校から帰ってくるたび、ふざけて娘を隠したのを思い出します。それが、いとこのお気に入りの遊びになりました。家に帰ると、私は自分のノートに向かい、それから何か食べたいと言ったのですが、娘のことは一切尋ねなかったのです。しばらくすると、いとこは驚いたように「でもファティマタ、何かが足りないんじゃないかな」と言いましたが、それでも私は気がつきません。一体何を探さなくてはならないというのでしょう。いとこには「信じられない。自分に子どもがいることをすっかり忘れるなんて」と言われました。

今振り返ってみて、若くして出産したことが、人生最大の困難だったのでしょうか。

いいえ、人生最悪の瞬間は結婚です。それは、社会契約としての結婚でした。夫は私の母のいとこにあたり、本来は母と結婚するはずだったのですが、しばらく村を離れて帰ってきたとき母はすでに結婚していました。2人の間で誓約が交わされていたことから、私が代わりに結婚することになりました。つまり家族間で決められた結婚です。私にとっては、この結婚が一番つらく、一番不幸な出来事でした。今になってみると、私が最も誇りに思えるのは子どもたちです。娘が1人、息子が2人いるのですが、3人とも私の体験をよく理解して、同情してくれます。母も、私が離婚した後は、二度と結婚を強制しないと誓ってくれました。結婚が私に大きな打撃を与えたことを理解したからです。その後の私は、結婚に関わるものすべてが嫌になり、結婚を忌み嫌うようになりました。

強制結婚した夫婦の性関係についてはあまり話題になりませんが、このテーマに真正面から取り組んでいますね。

はい。少女にとっては、本当に苦痛に満ちた体験だと言えます。12歳の女の子は性交渉について何も知りません。モーリタニアでは性教育が行われていませんから。いずれにしても、12歳の子には知識がないし、8歳ならなおさらのことです。それがどんなふうに行われるかを知らないし、実際にそうなっても何が起きているのか理解できま

せん。だからこそ、私にとって人生最悪の瞬間だったのです。真夜中に逃げ出したのもそのためです。私には拷問以外の何ものでもなく、拷問を逃れたかっただけなのです。実家に戻ろうとしたのは、そこが平和な隠れ家で、私をレイプする人などいなかったから。そう、夫の行為は、私にとってはレイプでした。私は夫を拒絶しました。彼を受け入れる義務などなかったのです。

不正に対する強い反感や嫌悪感を抱いたことが、法律を学び、弁護士になる原動力だったのでしょうか。

はい。モーリタニアで最初の女性弁護士になろうと思ったのは、夫や家族からの暴力に苦しむ女性たちを救うためです。私自身が家庭内暴力の犠牲者でしたから、大人になる過程で、その苦しみを知る誰かが立ち上がらなくてはならないと気づきました。判事は全員男性だから、苦しんでいる女性たちを見ても助けようとは思わないのです。私は自分の体験を忘れることはなく、犠牲者の女性たちを完璧に理解しているし、信頼してもらえます。女性たちは私なら親身に話を聞いてくれると知っているのです。クライアントが「先生、私は拷問を受けたのです」と言ってきたら、自ら経験のある私は拷問が実在することを知っていますから、「それは間違いです。拷問とは言えません」などとは言えません。レイプについても同様です。私たちの国では夫婦間レイプの話題はタブーとされていますが、実際それが存在することは周知の事実です。だからこそ私は、女性が夫の暴力行為から守られるように闘い続けています。本来は安息の場であるべき家庭内での暴力は許されません。

モーリタニアで最初の女性弁護士になるのは、容易ではなかったでしょう。どのような障害を乗り越えたのですか？

障害は山ほどありました。私が属するフラニという民族やイスラム教徒のコミュニティーにおいても、一般にモーリタニアの社会においても。この国の法曹界に女性は不在でしたから、私が先例を作ったわけです。私はとても小さな頃から、男の子と競い合うのが好きでした。これは、男性のほうが私より優れているわけではないと証明する絶好のチャンスに思えました。簡単なことではなく、必死に努力しました。弁護士になりたての頃は、法廷に入ると全員に背中を向けられたものです。私が自分の存在をアピールしても無駄で、「言いたいことを言っていいですよ。でも私はあなたを見たくありません」という言葉を投げられま

した。そこで私は平然と、「あなたが私を見なくても別に構いませんが、それなら何もお話しません。こちらをちゃんと向いてくれるまで待ちます。私を受け入れたくないなら、はっきりそう言ってください。ここを出ていきますから」と言い返しました。そんなふうに、自分で突破口を開かなくてはならなかったのです。

今も状況は変わりませんか？

いいえ、今は違います。最終的には、私は受け入れられました。今では、司法官が私を頻繁に指名してくれるほどです。でも一番うれしいのは、私がすべての障壁やタブーや不文律を受け入れる伝統的な女性ではなく、人生において成功している女性であるとはっきり示せることです。それに私はビジネスパーソンでもあります。自分の弁護士事務所を運営していて、今では男性のお客さんのほうが多いのですから、少し不思議な感じがします。

> 私たちの国では
> 夫婦間レイプの話題は
> タブーとされていますが、
> 実際にそれが存在することは
> 周知の事実です

アイコン的存在に

ファティマタ・ムバイは、少女の強制結婚や夫婦間のレイプ（モーリタニアでは今も処罰されない）だけではなく、奴隷制や人種差別を含むさまざまな不正と精力的に闘っている。自ら会長を務めるモーリタニアの人権組織を通じて、そうした活動に取り組んでいる。その行動と勇気は国内外で称賛され、ムバイは公民権運動を象徴する人物になった。アフリカ人として初めてニュルンベルク国際人権賞（1999年）を受賞するなど、数々の国際的な賞によって功績を認められている。2015年にはアフリカの話題に特化したフランスの週刊誌「ジュンヌ・アフリック」で、アフリカで最も有力な50人の女性に選ばれた。

グラビ・ギャング

　数々の研究により、インドにおける深刻な女性差別が報告されている。女児中絶、強制結婚、さまざまな暴力と、インド女性は生涯を通して差別に直面する。しかし、そんな現状に立ち上がった女性たちもいる。グラビ・ギャング（「ピンクのサリーを着たギャング」の意）は、2006年に活動家サンパット・パル・デビがウッタル・プラデーシュ州の非常に貧しい農村部で始めた運動で、強制結婚、家庭内暴力、性的虐待の撲滅を目指している。

　今日、メンバーは数十万人に達し、目印となるピンク色の服が団結力を高める役割を果たしている。必要なら自衛のために竹の棒を持つこともある。幅広い年齢層の女性たちが、デモや抗議行動、座り込みといった活動に参加している。今なおカースト制度と父権主義の伝統が根強く支配しているインドにおいて、踏みにじられがちな女性の人権を尊重するよう訴えることが狙いだ。「ダリット」と呼ばれ底辺の人間として扱われる「不可触民」の女性の人権擁護には、とりわけ熱心に取り組んでいる。

　グラビ・ギャングを貫くのは、自警と非暴力の精神だ。少女向けの講座を開催し、護身術や、（もちろん）夫婦間レイプを含む性暴力の加害者に対する反撃法を教え、さらには経済的自立を促す活動も行っている。インドで今も低迷している少女の就学率を上げることが優先課題だ。また、児童婚と結婚持参金の習慣がもたらす深刻な被害について、子どものいる家族に説明する啓蒙活動も行っている。

www.gulabigangindia.com

アンチェインド・アット・ラスト

　今日の米国で児童婚が行われているとは、にわかには信じられないかもしれない。しかし、米国の複数の州は、親の許可だけで未成年の女性を結婚させることを認めている。2000〜2010年に米国内で自らの意志に沿わない結婚をした子どもは、24万8000人に上る。

　こうした強制結婚の被害者のために立ち上がったのが、フレイディ・ライスという女性だ。自身も強制結婚の被害者で、アンチェインド・アット・ラスト（「やっと解放された」の意）という団体を設立した。主な活動内容は、少女たちが結婚生活から逃れ、人生を再建するための手助けをすることだ。さらに、強制結婚を食い止めるための活動もしている。

　これと並行して、同団体は米国の少女を保護する法整備を求め、世論を高めるための啓蒙活動を行うなど、米国で児童婚を根絶するための運動を主導している。男性も女性もウエディングドレスと鎖を身につけて参加する抗議デモは、視覚的に強いインパクトがある。そうした運動が実を結び、デラウェア州とニュージャージー州では、2018年に児童婚が禁止された。

　アンチェインド・アット・ラストの活動は、法的支援（離婚、親権、移住、家庭内暴力について無料で法的代理を行う）、社会的支援（精神科の診療、キャリアや財政面でのアドバイスなどにより自立を促す）、心理的支援（似た境遇の女性が助言者として指導にあたる）の3つを軸に、たゆまず続けられている。

www.unchainedatlast.org

シャルマ（インド）

インドの一部地域では、女性は夫を亡くすと全財産を没収され、権利を喪失する。こうした女性の多くが、生活を立て直し、住居を確保するために、デリーの南に位置するブリンダーバンへ移住する。村には夫を亡くした女性が数千人暮らしている。

　夫は別の村で働いていた。ある日、夫が死んだという知らせを受けた。雷に打たれたように感じた。夫がいない今、誰が私を守ってくれるのだろう。私はどこへ行けばいいのだろう。腕輪を壊され、額に朱色のしるしをつけられたとき、もう耐えられないと思い、心臓が張り裂けそうな思いでブリンダーバンに来た。ここで、私は身も心も神に捧げている。白装束をまとうようになったのは、色を身につけてはいけないと定められているから。魚、肉、玉ねぎ、にんにくは、刺激物だから食べてはならない。食べると体が熱くなって興奮する恐れがあるのだ。

アンジェリーク（コンゴ）

　コンゴでは、夫を亡くした女性は着の身着のままで家を出なくてはならないという決まりがある。たとえ夫婦一緒に建てた家であっても、夫の家族のものになるのだ。家の中の物をいくつか持ち出すことしか許されない。私の場合もそうだった。

ミシェル（フランス）

　私たち修道女は、「キリストと結婚したのですね」と言われることがあるが、そんな言い方は絶対されたくない。そもそも、女性がまるで誰かの妻としてしか存在できないみたいで、おかしいと思う。結局はそういう意味の言葉だから。たとえ修道女になった女性でも、結婚制度に縛りつけておきたいのだろう。でも私はキリストの妻ではない。私の生き方は、結婚とは無関係なのだ。

アシュトン（米国）

　離婚すると決めて、ニューヨークの超高層ビルにある弁護士事務所を訪れた。どんなに困難でも、離婚するしかない。それは私にとって明らかなことだった。面談した弁護士によると、女性のクライアントが増えているという。「不幸な結婚には終止符を打つべきだ」と気づいた私のような女性だ。家に帰り、インターネットで調べたところ5分で見つかった統計によれば、米国の離婚の3件に2件は女性から言い出したものらしい。驚いた。でも、わかりやすい統計だし、昔から変わることのない真実を示している。

アナ・ローザ（キューバ）

アナ＝ローザは60歳で、キューバの農村部に暮らしている。長年にわたり、誰の力を借りることもなく、1人で娘を育ててきた。ようやくのんびり過ごせると考えていたところに、神が理想の人物を送り込んできたという。

　14人くらい求婚者がいて、条件に合わない人は少しずつ振るい落とした。たとえば、開拓者として失格の人は願い下げだ。土地の開拓に成功している人なら、相性がよいかどうか様子を見てみることにした。ようやく私にも、男性が働いて食べ物を手に入れてくれるのを待つべきときが来たのだ。これまでの人生はずっと、娘のために自分がそうしてきたのだから。今必要なのは、愛してくれる男性。私が食料を手に入れてくるのを当てにしているような男はいらない。

ナヒデ（トルコ）

　ふつうの人生なら死ぬのは1度だけだけれど、一夫多妻の生活をする女性にとっては毎日が死ぬ思いだ。私は実際、一夫多妻の結婚生活で、毎日死んでいた。1日だけではなく、毎日だ。それは痛みを伴う死で、奇妙な体験でもある。愛し愛される仲で自分の子どもの父親でもある彼が、同時に別の女性も妻にしている。愛する男を他の女性とシェアしなくてはならず、同じ家に2人いる妻のうちの1人でいるのは、とてもつらい。しかも、もう1人の妻が自分より大事にされているとしたら、暴力的に殺されるのと同じ思いを味わう。彼が私を愛したことはなく、彼にとって私は何の価値もないのだから。

アナ（フィリピン）

フィリピンでは、離婚は厳禁ではないが、
離婚手続きを完了するためには裁判で認められる必要がある。

　結婚生活が破綻し、家を出たのは、27歳のとき。周囲に散々批判された。さらに、離婚調停のため裁判所に行かなくてはならない日は最悪だった。手短な証言だけですむはずだったのが、裁判官は自ら質問したいと言い出し、私を質問攻めにした。まるで犯罪者になった気分だった。ただ失敗した結婚を終わらせたいだけなのに、フィリピンで離婚しようとすればこんな目に遭う。犯罪者以上に悪者扱いされ、道徳的な意味での罪人とみなされるのだ。

メデア (レバノン)

　レバノンの離婚女性はつらい思いをする。まず、女友達の夫から恐れられるようになる。自分の妻に「不満があれば家を出ればいい」と勧めるのではないかと思うらしい。そして女性たちは「夫を奪われるかもしれない」と思うので、やはり離婚女性を恐れる。そんなわけで、多くの離婚女性は誰にも誘ってもらえなくなる。でも私は気にしない。そんな人たちに会いたいとは思わないから、むしろ誘われないほうがいい。

ジンとの対話の記憶
愛の不在を埋めるもの

ジャーナリスト　ミア・スフェール

ジンは上海で暮らす37歳の素敵な女性だ。中国では、独身で子がいない女性は今も嘲笑の対象になる。母親はジンの将来を心配するが、本人はそうではない。最悪の場合、高齢者になったらロボットに世話をさせればいい。愛よりも人工知能（AI）に賭けるつもりだと、平然と言う。

　上海で初めてジンと出会ったとき、私は心の中で喝采の声を上げた。有能な女性という評判に違わず、インタビューにぴったりの静かな場所を見つけてくれた。軽くおしゃべりをしているうちに、完璧な美貌の持ち主であるジンが独身で、子どもがいないということを知った。中国では、27歳を超えた独身女性は「残り物」を意味する「剰女（シェンニュイ）」というレッテルを貼られ、いまだに嘲笑の対象となる。そして、男性にとって魅力のない女性とみなされる。

　ウーマン・プロジェクトのためにインタビューしたいという私の要望に、ジンは快く応じてくれた。ひと通りの自己紹介が終わり、恋愛の話になると、上海では恋愛は期間限定の消費物なのだと教えてくれた。貞節であれという教育を受けて育ったジンは、独身であってもそのような関係には興味がないと語る。美貌と社会的な成功の裏に、傷つきやすい内面が隠されているのを感じた。

　インタビューが進むうち、ジンは抑えていた感情を吐露し始め、母親のことを語ってくれた。母は自立した強い女性だが、不安を抱えている。娘が独り身なので、面倒を見てくれる人がいないまま孤独に年老いていくことを心配しているのだ。子どもを思うからこその母の不安が、まさにジンの弱みだった。ジンは涙を流しながら、自分を勇気づけようとするかのように、こう言った。「年を取ったら、ロボットが世話してくれるでしょう。だから心配はしていないし、母にも心配してほしくありません。新しいテクノロジーが面倒を見てくれるでしょうから。大切なのは、自由に生きるのに十分なお金があり、必要なケアが受けられることです。自分の望む生活ができるように」

　私は戦慄した。カメラマンもだ。通訳は、私たちが驚いているのを理解できない様子だった。こんな考え方は、中国では当たり前になりつつある。人工知能が人間の心に取って代わり、ロボットが愛情を埋め合わせる？　そのために必要なのがお金？　そんな未来がすぐそこまで来ていることに気づいて、絶望的な気持ちになった。

愛のためならできること

「できる」と答えた英国人の割合

73% 引っ越し

66% 禁煙

49% 海外移住

45% 禁酒

29% 転職

24% ベジタリアンになる

14% 友情を犠牲にする

5% 改宗

YouGov、2016年

5人に1人

世界で18歳未満で結婚した経験がある少女は、5人に1人を占める。この傾向が続けば、2030年までに1億5000万人に達する。

ガールズ・ノット・ブライズ

世界の児童婚

13歳の少女の結婚が認められている国

The World Policy Analysis Center、2019年

● 認められている
● 禁じられている
● 親の同意と宗教上の許可、またはそのいずれかがあれば認められる
● 裁判所の決定と妊娠の事実、またはそのいずれかがあれば認められる
　 データの欠如または不足

世界の**不倫事情**

○ 不倫は倫理的に許されないと答えた男女合計の割合
◎ 不倫をしたことがあると答えた男女合計の割合

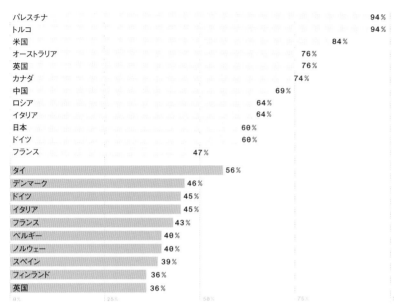

パレスチナ	94%
トルコ	94%
米国	84%
オーストラリア	76%
英国	76%
カナダ	74%
中国	69%
ロシア	64%
イタリア	64%
日本	60%
ドイツ	60%
フランス	47%
タイ	56%
デンマーク	46%
ドイツ	45%
イタリア	45%
フランス	43%
ベルギー	40%
ノルウェー	40%
スペイン	39%
フィンランド	36%
英国	36%

ピュー研究所、2015年／TheRichest、Match.com、2015年

世界の離婚事情

世界の離婚の4件に3件は、女性から申し出たケースだ。1960年から、離婚件数は2.5倍に増加している。特に離婚率が高い国はロシア、ラトビア、リトアニア、米国、デンマーク。逆に低いのは、スロベニア、メキシコ、アイルランド、マルタ、チリだ。フィリピンとバチカンでは、離婚は今も禁じられている。

India Today、2018年／
経済協力開発機構（OECD）、2019年／
WorldAtlas

出会い系サイト

米国では、出会い系サイトに写真を掲載する女性は、そうでない女性に比べて2倍のメッセージを受け取る。年収25万ドル以上と自己申告する男性は年収5万ドルの男性に比べて、1.5倍のメッセージを受け取る。オンラインデートで女性が最も恐れている相手は連続殺人犯で、男性が最も恐れているのは肥満女性だ。

FactRetriever「76 Interesting Facts about Dating（デートにまつわる76の興味深い事実）」、2017年

世界の結婚平均年齢

♀
1970〜1999年
21.1歳
2000〜2014年
23.4歳

♂
1970〜1999年
24.3歳
2000〜2014年
26.5歳

国連「人口データ」、2016年

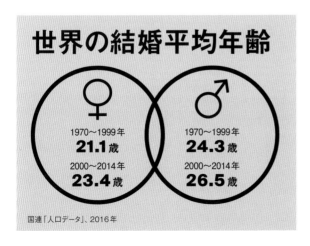

一夫多妻制

25
カ国

2009年の時点で、一夫多妻制は33カ国（アフリカ25カ国、アジア7カ国）で合法（または容認）とされていた。2018年現在、その数は25カ国となっている。

国連「人口データ」、2011年／世界銀行、2018年

バンダループという米国のパフォーマンス集団のシーン。ダンスとクライミングと綱渡りを組み合わせ、重力に逆らうパフォーマンスで知られるグループだ。ダンサーたちは、超高層ビルの最上部につないだロープを体につけて空中バレエを繰り広げる。撮影は米国のダラスで行い、空が最大限に映るよう、完璧に平らなガラスの壁面がある建築を選んだ。

自在に動く男女2人組のダンサーは、まるで雲の中へ舞い上がるかのような感覚を
与える。こうして、男女の結合をできる限り美しい映像で表現することを目指した。

暴力に対して声を上げる

※この章の本文には、暴力や性的虐待に関する記述があります。

シャノン（フランス）

シャノンの同棲生活は、8年間に及ぶ生き地獄だった。相手は4人の子どもの父親だったが、暴力的で、嫉妬深くて、所有欲が強く、シャノンを殴り続けた。シャノンは愛の名のもとにすべてを受け入れていたが、ある日とうとう限界が来た。

出会ってすぐに同棲を始めた。最初に殴られたのは、それから間もなくのこと。そのときは殴り返した。私は8年間も殴られ続けた女だが、初めから自分を守ろうとしなかったわけではない。でも150cmで50kgの私と、180cmで80kgの彼とでは、勝負にならない。

それ以降も暴力が止むことはなく、こぶしで殴る段階を過ぎると、エスカレートする一方だった。もはや私に対する敬意など、かけらもない。彼はとても嫉妬深くて、どんなことにも言いがかりをつけ、どんな場所でもお構いなく、好きなように私を殴った。駅のプラットフォームで、人が見ている前で殴られたこともある。通行人は少なくとも300人いたけれど、誰も何もしてくれなかった。彼を愛していたからすべてを受け入れたが、私が愛していたのは彼であり、暴力ではない。暴力を振るうパートナーから離れないのは「そうされるのが好きだからだろう」などと言わないでほしい。そんなことはあり得ない。殴られるのが好きな女性などいないのだ。ただし、その男に惚れ込んでしまっていることはある。殴られた後に謝られたり、山のようなプレゼントを贈られたり、愛の証しを示されたりすると、殴られたことなどすっかり忘れてしまうときもある。

ことは複雑なのだ。私はロマのコミュニティーに生まれたので、女性として特殊な育てられ方をしたという事情もある。夫となる男性は生涯1人だけと決められていて、結婚は1度しか許されない。でも彼に出会ったとき、私にはすでに子どもが1人いて、彼は人生で2人目のパートナーになった。私は自分が汚れた存在であると感じていたし、本当に彼を愛していたので、そこにつけ込まれたのだ。「お前のように醜い女を愛する男など、他にはいない」とさげすまれる日々の中で、自信は完全に消え失せた。暴力男の例にもれず、彼は他人を非難するのが得意で、「こんな状況になったのはお前のせいだ」と言い続けた。

こぶしで殴る段階を過ぎると、暴力はエスカレートする一方だった。もはや敬意などかけらもない

それでも私は最終的に、子どもたちのためすべてに終止符を打とうと決心した。彼との間には子どもが4人いた。スイッチが切り替わった瞬間を今も覚えている。その日、彼にまた殴られた後、子どもたちを連れて車に乗った。発車しようとしたとき、彼はねじ回しをこちらに向けながら、開いていた窓から入ってきた。私はねじ回しを奪い、彼の肩に思い切り刺した。死ねばいいのにと思った。子どもたちの父親であるにもかかわらず、だ。そのとき、状況が限界を超えていたことを悟った。もう私たちはカップルではなく、私は出ていくべきだ。それは、死ぬか生きるかの問題だった。

ダイラ・フィア（メキシコ）

　私が犯した罪？　それは女性でありながら大志を抱き、たとえば、威厳のある職業に就いて、嫌がらせを受けずに働く資格がある人間だと信じたこと。私が話しかけているときには、私を見てほしい。なぜ私を見下すの？　なぜ自分のほうが価値の高い人間だと思うの？　何を教えられてきたの？　今すぐあなたが理解するべきは、私に二度と触ってはならないということ。たとえ裁判官を買収できたとしても、私を黙らせることはできない。

ジャンヌ（ブラジル）

　人里離れた田舎で働いていて、帰りが遅くなることがあった。そのたびに、彼は気分次第で意見したり、非難したりした。私の陰部の匂いをかいで、他の男性と性交渉をしていると疑い、それを言い訳に自分と寝ることを強制することすらあった。私はすでに弁護士になっていたし、もちろん成人した女性だった。なぜ反論しなかったかといえば、そんな行為のすべてが愛と思いやりを装っていたからだ。

ビビアン（南アフリカ共和国）

　20歳の頃は、男性に優しくされても理解できなかった。つきあっても、男らしさが足りないと思い、たいていすぐに別れた。なぜなら、男性は女性を丁寧に扱い、甘い言葉をかけ、甘い歌を歌い、花を贈り、喜ばせるべきだとは考えられていないから。逆に、その女性がいかに駄目な人間であるかを指摘するべきだと考えられている。私もそれが当たり前だと思い込み、愛とはそういうものだと信じていた。

アルレット（マダガスカル）

　14歳か15歳の頃、最初のボーイフレンドに殴られた。そのときは何が起きたのか理解できなかったけれど、あまり深く考えもしなかった。でも、今では怒りを感じる。意識がない状態で浜辺に置き去りにされたこともある。彼は戻ってくると、こう言った。「お前の命なんて、父さんの車のタイヤ1つ分の値打ちもない」。そのとき、「こんな思いをするくらいなら、死んだほうがましかもしれない。私の命にタイヤ1個ほどの価値もないなら、生きる権利もないはずだから」と思った。彼に変わってほしいとも思ったけれど、彼の70歳の父が60歳の母を殴るのを見たとき、すべてを理解した。そのとき私は「もう終わりにしよう」と心に決めたのだ。

バルバラ（ブラジル）

　私の体には、ある短い言葉を発したしるしが刻まれている。それは「ノー」という言葉だ。彼のせいで、一生消えない跡が残るとは想像もしていなかった。自由になろうと決め、子どもたちと一緒に家を出て経済的に自立しようとすると、彼は私を脅した。数日後には殺そうとすらした。生きたまま火をつけ、窓から投げたのだ。全身の40%にやけどを負い、あちこち骨折して、4カ月の入院中に224回手術を受けた。まさに生死の境をさまよった。でも一番つらかったのは、子どもを2人とも失ったことだ。あの子たちを殺した父親は、5年たった今もまだ有罪判決を受けていない。

ジョアナ（カーボベルデ）

　夫は暴力的で、私を繰り返し殴った。そのたび反撃しようとしたが、残念ながら腕力でかなわなかった。頭にピストルを突きつけられたり、のどに包丁を当てられたりは日常茶飯事。一瞬で命が吹き飛んでしまうかもしれないという感覚を、あなたは味わったことがありますか？　あれから6年たつけれど、まだ不眠に悩まされている。静寂の中で突然殴られることがよくあったせいだ。父や妹たちに知られたくなくて、叫び声を上げなかった。暴力を受けていることに気づかれないよう、メイクであざを隠した。そう、私は耐えていたが、それを恥じてはいない。私に罪はない。私は被害者なのだ。

エレーヌ（マダガスカル）

　この通り、私の目は青く腫れている。3日前に夫に殴られたからだ。でも夫と別れようとは思わない。身体的暴力を受けても、全力で耐える。家庭生活に苦労はつきもので、別の人と結婚したとしても、同じ問題は常に存在するはずだから。

セシル（フィリピン）

　虐待されている事実を周囲に信じてもらうことは本当に難しい。まず、証拠としてあざを見せろと言われる。警察に行ったときも、警官は夫の嘘のほうを信じた。夫は、私に愛人がいると主張した。それで私は携帯電話を押収された。警官は私に「奥さん、本当に愛人がいるね」と言った。「そうですか、一体どこに？」と聞き返すと、連絡先に登録されているたくさんの名前を見せられたので、こう反論した。「この人たちはもちろん、いつも仕事をしている大工さん、配管工、電気工、ペンキ屋さん、それに建築家です。私はインテリアデザイナーで、建築オフィスを経営していますからね。彼らは愛人ではありませんよ」

ほとんど調査がなされていないものの、10代のカップルのデートバイオレンスは想像以上に蔓延している。嫉妬、精神的暴力、侮辱、殴打、レイプ……。スペインでは過去12カ月間に、未成年の少女の4人に1人が恋人や元恋人から何らかの暴力を受けている。

最後のタブー
10代のデートバイオレンス

ベアトリス・ガルシア・マンソ著、「エル・ムンド」紙（スペイン、マドリード）

ある朝、廃墟と化した建物の壁に、「ラウラ、愛しているよ」という文字とハートマークのグラフィティが見つかった。15歳の少女ラウラの女友達は、ロマンティックな恋人のことをうらやましがった。それがラウラを初めて殴ったことを謝るためのグラフィティだったと、女友達が知るのは何カ月もたってからのことだ。

ラウラ自身は恋人の行為に感謝し、彼を許しただけではなく、いっそう深く愛するようになった。「あんな高いところにグラフィティを描く危険を冒すのは、本当に愛してくれているからに違いないと思ったんです」。それが愛の証しではないこと、命の危険を冒しているのは自分だけだということを理解するまで、ラウラはさらに何度も殴られなくてはならなかった。

恋する若者に迫る危機

ラウラにとって、彼は初めての恋人だった。統計によれば、10代の若者の間では、ラウラが体験したような男性優位主義者による暴力が増加している。スペイン司法評議会によると、2015年の1年間で162人の未成年者（18歳未満）が、性犯罪の疑いで起訴された。つまりおよそ2日に1人のペースだ。90％のケースで、暴力が立証されたとの司法判断が下されている。同様に懸念すべきなのが、10代女性の4人に1人が過去12カ月間（2016年現在）に恋人または元恋人から精神的な暴力を受けていることだ。さらに、スペイン国立統計局（INE）の報告書によれば、2015年に未成年者637人に対し、虐待を避けるための保護または予防策を講じるよう裁判所命令が下されている。同様の裁判所命令が下された18〜19歳の女性は909人（前年比10％増）に達する。

危険にさらされている子どもと未成年者のための組織、ANAR財団の報告書によると、恋人による暴力に関する未成年者からの相談件数は、2009年から10倍に増えている。これは氷山の一角にすぎない。被害者は恐怖を感じているうえ、情報不足のため対応策も相談先もわからないまま、泣き寝入りするケースがほとんどだからだ。さらに問題なのは、若者の間で日常的に起こる暴力行為を、未成年者のほとんどが犯罪と認識していないことである。

ANAR財団は、暴力行為が日常化した環境の中で子どもや未成年者が成長していくことに懸念を示す。報告書では、専門家が次のように指摘する。「カップルが激しく

言い争ったり、けんかしたりするのを見ながら育つ子は、恋愛関係に暴力はつきものなのだと思ってしまう。ひいては、ハラスメントや攻撃を愛や関心を示す行為ととらえてしまい、そうではなく独占欲や支配欲の表れなのだということを認識できない」

それが愛の証しではないこと、
命の危険を冒しているのは
自分だけだということを理解するまで、
さらに何度も殴られなくては
ならなかった

嫉妬心の許容

マドリード西部にあるプラド村の小学校で、ロス・ピナレス自治体の女性に対する暴力監視組織が主催するワークショップが開かれ、中学年の児童が参加した。ルス・カサノバ財団で女性への暴力について啓蒙活動を行う心理学者パウラ・ロルダンは、愛と呼ばれるものについて考えるよう子どもたちに促した。優しさ、信頼、敬意に基づくのが良好な関係であり、暴力、侮辱、嘘、人心操作、男性優位主義を伴う場合は有害な関係であるということは、子どもたちも理解している。しかし、たとえば嫉妬や支配について問うと、迷いが見られた。1人の女の子が「少しの嫉妬は許してあげてもいい」と言うと、「ガールフレンドの服装が気に入らないとしたら、彼のほうに問題がある。体はその人のものだから、誰にでも好きな服装をする権利がある」と同級生の女の子が反論した。それに対して別の女の子からは「その服を着ることで彼が傷つくなら、そして彼が大切な存在なら、着替えるくらいは大した問題ではない」という意見が上がった。しかし、ささやかな妥協が、服従と支配への道を開いてしまうこともあるのだ。

求められる服従

スペイン社会学研究センター（CIS）の調査によると、男性がガールフレンドのスケジュールに指図をすること、特定の人物と会うのを禁じること、または行動や自宅にいるべき日時を指示することについて、「認められる」または「避けられない」と考えている未成年者は33%に達した。

アンダルシア女性研究所（IAM）の統計に基づく研究

支配される少女たち

まず、「暴力」の定義をしよう。女性は殴られない限り「被害者」とは呼べないのだろうか。難しいが、必要な問いだ。スペイン人はこの問題と真っ向から取り組むため、2004年から「男性優位主義による暴力」（ジェンダーによる暴力とも呼ばれる）に闘いを挑んできた。現時点で優先されているのは身体的暴力への取り組みだが、精神的な暴力も対象としている。

なぜなら精神的暴力もまた、陰湿なやり方で女性を支配し、不安に陥れる元凶となり得るからだ。とはいえ、「スカートの丈が短すぎる」と女性に着替えさせることや、女性の女友達や家族を中傷し続けること、愛の証しであるかのように嫉妬心を示すことを、虐待と断定するのは難しい。15歳の少女にとっては、なおさらのことだ。

2015年にソフィア王妃センターの委託により実施された調査によると、精神的な暴力（支配）は、スペインの未成年者の間で増加している。2014〜2015年に交際相手がいた16〜19歳の少女のうち、25%が精神的な暴力（支配）を受けていたというデータもある。他の年齢層での平均9.6%に比べると、明らかに高い数字だ。しかも、調査対象の未成年者の60%が「男性は恋人の女性を守らなくてはならない」と答え、ほぼ3人に1人は「嫉妬心は正常」と考えている。

つまり、男性優位主義のステレオタイプが若い世代に根づいているということだ。また、若い世代ほど利用しているテクノロジーが、精神的暴力を助長していることも明らかになった。同じ調査によれば、スペインの少女の25%が携帯電話を通して「頻繁に」あるいは「とても頻繁に」恋人または元恋人から支配を受けていると答えた。

レポートをまとめた社会学者カルメン・ルイス・レプヨは、「女性に対する暴力は、支配と占領のための戦略である。人心操作を通してやがては服従させるが、最初は愛の証しであるかのように見せかけるため、被害者が自分の受けている行為についてきちんと認識し、それが暴力であるという現実を認めるのは困難だ」と説明する。

段階を踏んでエスカレートしていく暴力のわなにはまった女性は、さらに男性の意のままになり、関係から抜け出すのがますます困難になる。まず支配（継続的な監視装置としてのスマートフォンやSNSによって助長される）から始まり、続いて、孤立の強制（友達に会うことや趣味を禁じる）、嫌がらせ、罪悪感の植えつけ、偽りの同意や束縛による性的虐待、侮辱や罵倒、そして威嚇や身体的暴力へと発展する。身体的暴力が起きる頃には、すべての段階が完成し、被害者と加害者の間に深い感情的な関係が築かれている。

ロマンスという幻想

問題の根本にあるのは、ロマンティックな愛に対する幻想だ。「彼は私の分身だから」「正反対の者ほど惹かれ合う」「愛のためなら何でも受け入れられるし、どんな犠牲も払えて、自分のすべてを投げ出せる」といった神話が浸透しているせいで、不正を正当化することが許されてしまう。ラウラの恋人も、初めから暴力的なわけではなかった。ラウラの女友達アナの恋人も同様で、つきあい始めた頃は毎日愛の詩を書いては送ってきたが、3カ月たったある日、飲み物をこぼしたアナの髪の毛をつかんで床をなめさせた。アナは16歳にして早くも、恐怖の中に生きるとはどんなことかを知ってしまった。レイプされ、殴られ、武器で威嚇され、さらに繰り返しレイプされ、監禁された。すべて、愛の名のもとに、である。

スペインで大ヒットした恋愛映画『空の上3メートル』で、アチェはガールフレンドのバビにこう告げる。「ああ、バビ、バビ、バビ……俺はブタだ、動物だ、ケダモノだ。でもお前は俺にキスさせてくれる……」。性別によるステレオタイプを繰り返し表現し、優しい少女が不良少年に惚れ込むという神話を描き出したこの作品は、何百万というティーンエイジャーの女の子たちを魅了した。数多くの若者が憧れる典型的なラブストーリーには、男女の平等も、互いへの敬意も不在なのだ。「近年、熱情と苦難に満ちた愛を理想化した映画やドラマが次々登場している。こうした作品では、嫉妬は愛の証しであり、愛は相手を変えるための手段とされている」と、カルメン・ルイス・レプヨは警告する。

ステレオタイプの恋愛観

ティーンエイジャー向けの書籍（長編小説の『トワイライト』『AFTER』など）や、ポップソングの歌詞（「あなたなしでは私は何の価値もない」「あなたなしで生きるくらいなら、あなたのそばで死んだほうがまし」など）にも同様の傾向が見られる。「理想化され、女性の全人生を支配し、永遠に続く愛。まるで1種類の恋愛しか存在しないかのようだ」と指摘するのは、前出の心理学者パウラ・ロルダンだ。「おとぎばなしには、男女が一緒に暮らし始めてからのことは描かれていない。ドラマは、カップル間で生じる意見の相違をどのように平和に解決すればよいかを見せることはない。自由な関係を構築することを、若い世代はどこで学べばよいのだろうか」と問いかけ、ジェンダーの役割を見直すことが急務だと訴える。女性は優しくて愛情豊かで面倒見がよくなくてはならず、男性は強く勇敢でなくてはならない——このステレオタイプを打破することが必要だ。不平等の概念は刷り込みによって身につき、それが極端な形で表れると女性への暴力となる。逆に見れば、こうした刷り込みを教育によって消し去ることも可能で、そこに解決策がある。

2016年3月、スペインのマヨルカ島にあるソン・セルベラで、19歳のビクトリアが恋人に殺される事件があった。近所の人々を取材した地元の新聞によると、ビクトリアはとても優しい性格だったが、恋人はとても暴力的で、ビクトリアを支配していたという。4年間の交際のすえ、ビクトリアは恋人から集中的に殴られ入院した。裁判官は、男性側の主張を退け隔離を命じたが、若い2人は隠れて交際を続けた。そして結局、ビクトリアは恋人に絞め殺されたのだ。

日常的に起こる暴力行為を、
未成年者のほとんどが
犯罪と認識していない

ジェシカ（ブラジル）

　長年にわたって有害な関係を続けていたが、当時はそう自覚していなかった。悪いのは私のほうで、彼にふさわしい女性ではないと思い込んでいたのだ。たとえ自分の幸せを犠牲にしてでも、彼が幸せになるならどんなことでもしたかった。精神的な暴力は、女性を破滅させ、内側から殺してしまう。だからこそ非常に厄介なのだ。自分が何者なのかも、受け入れられることの限界もわからなくなり、善悪の判断がつかなくなる。私は自分の名前すら忘れかけた。彼は「手を上げないのは殺したくないからだ」と言った。信じられないことに、本当にそう言ったのだ。私はあの頃、精神的暴力を受けながらも「彼は少なくとも殴りはしない。罵倒されるのは私のせいだ」と思い続けていた。

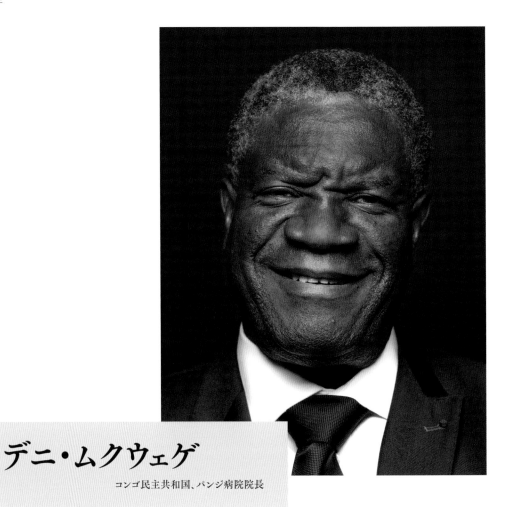

デニ・ムクウェゲ

コンゴ民主共和国、パンジ病院院長

コンゴ民主共和国の外科医・産婦人科医デニ・ムクウェゲは「女を修理する男」と呼ばれるのを嫌う。しかし現に1999年以来、5万人を超える性暴力被害者を救済し、治療し、支援してきた。自らも何度か命を狙われたが、現在は国連平和維持軍に守られながら、コンゴ民主共和国で紛争の武器として使われたレイプの被害者たちを助けている。その貢献を認められ、2018年にノーベル平和賞を受賞。近年はムクウェゲ財団を設立し、世界中のレイプ被害者の支援を進めている。

大学では小児科を専攻しながら、産婦人科医に転向していますね。進路を変えたきっかけは、何だったのですか?

　若い医師だった頃に悲惨な現状を目撃したことです。ブルンジで小児科の学位論文を提出してから、コンゴで働くため帰国したのですが、17歳か18歳の若い女性が出産で命を落とすのを見てショックを受けました。看過しがたい不公平です。そのときに、女性たちを助けたいと思い、フランスのアンジェで産婦人科の勉強をしようと決心しました。コンゴの病院では、出産したばかりの女性が毎日死んでいました。フランスで研修医をしていた頃は、そんな例を1つも見たことがなかったのです。まさにそのとき、いろいろなことを自問しました。アフリカ人女性が女性の役割を果たそうとするとき、他国の女性にはない、死のリスクを負わなくてはならないのです。そんな不公平は絶対に許せないと思いました。

不公平をなくしたいという強い思いが、女性のために闘う決心を支えてきたのでしょうか。

　私の考えでは、女性は人類の母です。だから、女性が社会で疎外されたり、人間として二流であるかのような扱いを受けたりするのは、人類全体にとっての脅威に他なりません。私はいつも、「母の息子であること。その絆は、人生で手に入れられるどんなものよりも尊い」と言っています。私たちはみな、母親や妻や娘と特別な関係を築いています。こんなに愛している女性たちが、私たちの社会に根深く残っている不平等のために苦しまなくてはならないなど、どうしても受け入れられません。女性のために活動しようと決めたのは、そうした不平等に挑むためでもあります。

ムクウェゲ医師は、レイプが戦争の武器として使われるコンゴ民主共和国で活動し、「女を修理する男」と呼ばれています。ご自身はレイプを「大量破壊兵器」と表現していますが、その真意を教えてください。

　すべての武力衝突において、他者、つまり敵を破壊しようとする意志が働きます。レイプもその手段——いわば兵器として用いられることがあります。これは、女性の体を文字通り戦場にする行為です。その原理は単純かつ残忍です。レイプは被害者の女性だけでなく女性が持つすべてを、次世代に至るまで破壊してしまうのです。非常に

女性は人類の母です

強い破壊力を持つ身体的攻撃であるだけではなく、精神的にも大きなダメージを与えます。私はいくつもの紛争地域を訪れて話を聞いたのですが、レイプは人間性を完全に否定するために残忍な兵士たちが見つけた手段だと、被害者たちは感じています。その破壊力は医学的にも社会的にも、非常に深いところまで及びます。一番の被害者が暴行された女性であるのはもちろんですが、子どもや夫をはじめ、親族全員もまた被害者なのです。私が、レイプを大量破壊兵器と表現したのはそういう意味です。核兵器や化学兵器と同様、現在のみならず未来にも大きな傷を残します。

レイプの被害は、具体的にはどのような範囲にまで及ぶのでしょうか。

　レイプされて、HIV（ヒト免疫不全ウイルス）に感染した女性の例を考えてみましょう。この女性が産む子にも感染する恐れがありますから、次の世代まで被害が及ぶわけです。もちろん、今日では母子感染を防ぐ手段は増えつつありますが、分娩時にきちんと対策を講じなければ防げません。子どもたちは、卑劣なレイプ現場を目撃させられるという精神的被害も受けることがあります。夫や他の家族も、大切な女性を守ることができないまま目撃させられることにより、甚大な精神的打撃を体験します。

レイプの副次的な被害についてはほとんど語られることがありませんが、家族も被害者なのですね。

　私も、初めは夫たちに批判的な目を向けていました。レイプされた妻をなぜ拒絶するのか理解できなかったのです。「妻をレイプから守ることもしなかったうえに、妻を捨てるなんて」と思いました。それから、被害者の夫たちの話を聞くようになって、彼らも精神的に深い傷を負っていること、その苦痛の深刻さにようやく気づいたのです。被害に遭った女性は異口同音に「あれ以来、私はもう女ではなくなった」と言いますが、その夫も「目の前で妻がレイプされてからというもの、私はもう男ではなくなった」と言うのです。妻を守れなかったために自信を失い、人生に立ち向かうことができないと感じている。それこそが、敵の思うつぼです。

つまり、「兵器としてのレイプ」は、家族だけではなく社会全体の破壊を狙う戦略だということでしょうか。

そうです。レイプは親子や夫婦の絆を断ち切り、社会を破壊する兵器です。絆が損なわれれば、社会を形成する組織も崩壊し、社会は団結力を失います。女性がうつ病になったり、体調をひどく損なったりすれば、経済面での役割を果たすことができなくなります。アフリカ大陸の経済は女性の肩にかかっているのですから、これは非常に深刻な事態です。兵器としてのレイプの被害がいかに甚大か、おわかりいただけたでしょう。

情熱的に取り組んできたご自身の活動を振り返って、性暴力に挑む上で最も効果的な手段は何だとお考えですか？

第一の武器は教育です。その重要性ははかり知れません。特に男の子に対して、女性への暴力に関する教育を授け、それが意味することや影響について、きちんと説明しなくてはなりません。レイプは「性交渉」ではなく「暴行」であり、被害者に多大な打撃を与えるということを明確に教えるのです。レイプが通常の性交渉の一種だと思っている人はいまだに多く、特に男性は誤解しています。教育によって「レイプとは何か」を男の子たちに理解させなくてはなりません。同様に、親も教育を通じて不平等をなくす努力をすることが大切です。男の子は育つ過程で女の子より優位に扱われ、そのため姉妹とは違う振る舞いをするべきだと思ってしまう状況が続いています。扱いの違いを意識しながら成長すれば、男女不平等で当たり前だという思い込みを持つようになります。こうして私たちは男女差別を助長しているのです。女の子と男の子は平等であるべきで、そうした環境で子どもたちを育てなくてはなりません。今こそ真剣に、早急に取り組むべき問題です。これ以上手遅れになる前に。

さらに、法体制も重要ですね。

もちろんです。大量破壊兵器としてのレイプを撲滅するには、レイプの加害者が罰せられるようにすることで大きな効果が期待できます。犯行の前に考え直し、「起訴されるかもしれないからやめておこう」と思いとどまるかもしれません。それがレイプの抑止力となります。

ムクウェゲ医師の考え方、行動は広範にわたっていますが、女性たちを受け入れて「修理する」ための包括的なアプローチを説明していただけますか。

「女を修理する」という表現が適切かどうかについては疑問があります。正しくは「性暴力の被害者のお世話をする」ということでしょう。パンジ病院では、ホリスティック（全的）な治療を行います。つまり患者さんの心身全体に働きかけるのですが、これには4つの柱があります。1つ目の柱は外科的または内科的な処置、あるいは双方を同時に行うことを指します。2つ目の柱は精神的なケアです。程度の差こそあれ、被害者女性はみな心の傷を負っていますから、精神面のサポートがとても重要です。3つ目の柱は社会復帰の後押しです。女性が職業技術を身につけ、経済的に自立できるように支援します。レイプ被害者というレッテルを貼られることなく、再び社会に参加させるためです。そして、医学的、精神的、経済的に回復した女性の多くは、加害者への制裁を望み、再び支援を求めてやって来ます。そこで、裁判の手続きをサポートします。これが、4つ目の柱です。治癒までは長い道のりですが、それは当然のことです。女性にとって困難に満ちた闘いですから。

ムクウェゲ財団

デニ・ムクウェゲは女性の尊厳のために、たゆまぬ闘いを続けてきた。1999年にコンゴ民主共和国のブカブに設立したパンジ病院での活動に加えて、ムクウェゲ財団を通して紛争・戦争下での性暴力という問題に取り組むよう、国際社会に働きかけている。その目標の1つが、紛争下にレイプを受けたすべての被害者の社会復帰を支援する国際基金を設け、コロンビア、南スーダン、コンゴ民主共和国はじめ世界各地の被害者への補償を実現することだ。ムクウェゲ財団はまた、議論や交流の場を多数設けることによって、世界の性暴力サバイバーの団結を促している。

www.mukwegefoundation.org

チャンブ基金

チャンブ基金（Chhanv Foundation）は2014年9月に設立された。インドで、酸攻撃（顔に酸性薬品を浴びせる行為）の撲滅を目指すキャンペーン「ストップ・アシッド・アタックス」がスタートしてから1年後のことだ。名誉殺人の中でもとりわけ悪質な暴力である酸攻撃は、女性に言い寄って拒絶されたことへの報復であることが多い。さらに、支配的で嫉妬深い夫が犯行に及ぶケースもある。最新の公的統計によると、インドでは2015年に約300件の酸攻撃が発生していた。実際の件数はもっと多い可能性がある。

チャンブ基金は若いジャーナリストと社会活動家のグループによって設立され、酸攻撃を受けた女性を保護し、その後の人生を支援している。酸攻撃の被害者は社会の片隅に追いやられ、安定した職を見つけるまでに数々の障壁にぶつかる。2014〜2016年、こうした女性たちの社会復帰と経済的自立を可能にするため、インド各地（アグラ、ラクナウ、ウダイプル）に「シーローズ・ハングアウト・カフェ」を開いた。

スタッフは全員が酸攻撃の被害者で、カフェは女性たちにとって安心して過ごせる家庭のような場だ。新しい人生へと踏み出すためのジャンプ台でもある。キッチンスタッフ、またはホールスタッフとして働くことで生計を立て、子どもを養えるようになる。さらに、精神的なサポート、治療面での支援、住居の紹介も受けられる。こうして女性たちは少しずつ社会に復帰し、学業や新たなキャリアを始めることを目指す。

www.chhanv.org

KAFA

2005年に設立されたKAFAは、レバノン女性に対する性暴力と闘うNGOだ。家事労働に従事する移民女性に対象を絞って活動している（レバノン在住の移民女性は25万人近くに達し、雇用者に完全に依存した状態で働いている）。さらに、性奴隷や人身売買の被害に遭う女性の救済にも取り組んでいる。

2005年当時、レバノンの女性や子どもをドメスティックバイオレンスから保護する法律は全くなかった。KAFAは63の民間組織の協力を得て法案提出にこぎつけ、2014年に法律が制定された。

KAFAはさらに、広告キャンペーンと教育を通じて人々の意識を変えようとしている。同機関は研究者、教師、親、さらには警察と協力して、特に性的目的の人身売買の被害者を救出する警察官の訓練に取り組んでいる。また、虐待などの不当な扱いに苦しむ数多くの女性たちのために、相談所を通して法的支援を行うと同時に、シェルターも設けている。

www.kafa.org.lb

ジョゼフィーヌとの対話の記憶
苦しみのビーズ

ジャーナリスト　シビル・ドルジュバル

ジョゼフィーヌはサンブル人の女性としては珍しく、大学に進学するという幸運に恵まれた。
しかし、ケニアの法律が禁じる女性器切除の慣習から逃れることはできなかった。現在、
この偉大な女性は、伝統の名のもと横行している少女たちへの性暴力と闘い続けている。

ジョゼフィーヌが入ってくるや、部屋は華やかな雰囲気に満たされた。すらりとした長身に、現代的なミニのワンピースがよく似合う。しかし、頭と首には、サンブルの伝統的なビーズジュエリーをつけている。ジョゼフィーヌは数年前からケニアの首都ナイロビで働いており、このインタビューもナイロビで行われた。

優しいまなざしと美しい笑顔を見せるジョゼフィーヌは、とても親しみやすい女性だ。体験談を話すことには慣れていて、カメラに臆する様子もない。ケニア北部の村で生まれて以来、彼女は特異な人生を歩んできた。母親の粘り強い励ましのおかげで、女の子としては珍しく村を出て大学に進んだ。

大学時代、ケニアには他にもさまざまな生活習慣を持つ民族がたくさん存在していること、そして自分が受けた女性器切除がケニアでは違法であることを知った。そして「サンブル・ガールズ・ファンデーション」というNGOの設立を決めた。活動目的は、女性器切除と「ビーディング」の慣習をやめさせることだ。ビーディング？　そんな言葉を、私たちは聞いたことがない。ほとんど外部に知られていない恐ろしい秘儀についてジョゼフィーヌは説明してくれた。サンブルでは、15〜30歳の若い男性は「戦士」とされ、結婚する権利がないが、自分の氏族から気に入った女の子（未婚の少女で、多くは12歳未満だ）を選び、赤いビーズを贈れば、好きなときにその子と性交できるという。少女が妊娠した場合、その赤ちゃんは「氏族に属さない」とみなされるため、中絶するか、出産直後に殺さなくてはならない。

とても受け入れがたい話だ。ジョゼフィーヌは、ビーディングを維持したいサンブルの男性たちから殺害の脅迫を受けたことがある。そもそもサンブルの男たちがこの慣習を導入したのは、自分の妻が若い戦士に誘惑されないようにするためだったという。いわば、男女間のいさかいを防ぐための「取り決め」というわけだ。家父長制の伝統が根づいた社会で、祖先が始めた悪習を、現代の男たちが継承し続けているのだ。

ここでジョゼフィーヌはこぶしを握り、険しい表情を見せた。女性器切除やビーディングをはじめとする少女への虐待は、伝統の名のもとで今も続けられている。これらを撲滅するための闘いはまだ始まったばかりだ。ケニアの男性政治家は、諸民族の長たちに嫌われることを恐れ、この問題に触れようとしない。ジョゼフィーヌがまとう美しいビーズのジュエリーが突然、苦悩に満ちたものに見えた。彼女があえてそれを身につけることに、私は驚いている。だが、ジョゼフィーヌはサンブルの出身であることに誇りを持っていて、そのことを周囲に示したいのだという。家族を愛しているし、だからこそ変革をもたらしたいのだ。変革を成し遂げられるのはサンブルの人々、そして、ジョゼフィーヌのような女性だけだ。

マリアム（インド）

　6歳の私をレイプしたあなた。私の口や膣に性器を入れたあなた。ピストルの先を入れてきたあなた。私の体を焼いたあなた。なぜそんなことをしたのですか？　12歳で、無邪気に遊ぶ子どもだった私は、あの日、鳥を眺めながら散歩していた。それなのになぜ？私はあなたを刑務所に送り込んだけれど、あなたには生きている資格もないと思う。私をレイプしたのだから。私は耐えがたい苦しみを日々体験しているのだから。今日、私が闘っているのは、自分のためだけではない。あなたが標的にした他の少女たちを救うためでもある。

セムカ（ボスニア・ヘルツェゴビナ）

　私をレイプした男に言いたいこと？　「あなたが犯したのは、自分の母親を、姉や妹を、妻を、それにこれまで受けてきた教育を侮辱する行為だ」ということです。そして、もしもその男に娘がいるとしたら、娘さんにはこんな思いをさせないでほしいということ。

ファティマ＝エザフラ
（フランス／モロッコ）

　私たち女性は、異性愛者だったら男性に惹かれるし、強い欲望を感じることだってある。性周期によってかなり性欲が高まる日だってある。それに女性器のクリトリスには、男性器よりもずっとたくさんの神経末端が密集している。それでも女性は、性欲のせいで暴力に及んだりしない。通りで見かけた男性に強い魅力を感じることはあっても、襲いかかったり、押さえつけたりはしない。望んだ反応が得られなくても、相手を罵倒したり、侮辱したりもしない。女の子は犠牲者として教育され、男の子は捕食者として教育されている現状がある。でも、それは心が作ったものだからこそ、心で解体することも可能なはずだ。

ルクミニ（インド）

　困難な時期には支えてくれて、幸せな時期を共に歩んでくれたすべての女友達にメッセージを送りたい。私の体は私のものだということを教えてくれたのは、あなたたちだ。私の人生について、失った子どもについて、私が受けた虐待について、あなたたちと語り合ったことで、私はとても救われた。私の体は私のもの——私だけのものであり、大切にしなくてはならないと気づけたのは、そのおかげだ。暴力や性的虐待に屈して、自分の体を放棄するようなことがあってはならない。今、私は自分で望むまま、思うがままに、自分の体を生きている。すべて、あなたたちのおかげです。

ジェニー・ウィルマ（ボリビア）

　ある日、父がレスリングの試合に出るのを見に行って、「チョリータ（スカートとショール
と山高帽という服装をした先住民女性のプロレスラー）のトレーニングをします」という
広告を見つけた。私は大いに興味を持ったが、自分にできるとは思えなかった。夫に
駄目なやつだと言われ続けていたせいだ。それでも、誰にも知られないようトレーニン
グに通った。そこで私の中の何かが変わった。夫がいつものように私を侮辱し始めたと
き、気づきの瞬間が訪れた。激しい怒りがこみ上げ、フライパンをつかんで夫の鼻を殴
った。自分のどこからそんな力が湧いてきたのかはわからないが、そのとき、すべてが
始まった。その日から、夫に触れられるのを断固拒否した。レスリングを続け、私は女
性として成長した。かつては底辺をさまよっていた自尊心が、今では天高く昇っている。

エリザベス（南アフリカ共和国）

　恋人を家から追い出した日のことを覚えている。激しいけんかがあったわけではないが、長年にわたり間違った関係を続けてきたことに、私は深いところで気がついていた。完璧なタイミングだったと思う。私が力を取り戻し、自己防衛ができる女になったことを彼は理解し、そして恐れるようになった。だから家を出ていったのだ。「金はやらないよ」と言う彼に、私は「お金と一緒に消え失せて」と答えた。働いていたから、お金などどうでもよかった。ようやくほっとして、自分が非常に強い存在であると感じた。ここは私が買った家で、私には彼を追い出す権利があったのだ。私は自分を誇りに思った。

個人的なメッセージ

インタビューの締めくくりには毎回、特定の誰かに向けた個人的なメッセージを聞いた。つらい体験を持つ女性は、うまく言葉を見つけられないことも少なくない。裏返せば、多くの女性にとって、沈黙を打ち破るチャンスでもある。ひいては、自分を解放し、権利を主張することにつながる。自分をレイプした相手に語りかける女性もいれば、あまりに早く死んでしまった母親に語りかける女性もいる。ここで紹介するのはすべて、勇気と尊厳に満ちたメッセージだ。

リディア（フランス）

私が最後に人生を共にした人に、このメッセージを捧げる。聞きたいことはただ1つだけ。あの不吉な日に、あなたはなぜ、私に手を上げたのですか？ 人生に何が起きても、あなたを絶対に許さない。その後も謝罪することなく、まるで何事もなかったかのように振る舞ったあなた。私の守護天使だったあなたが、あの日、モンスターになった。絶対に許さない。

フルビア（コロンビア）

あなたが私をレイプしたとき、2人で築き上げた美しいものすべてを、あなたは消し去った。戻って来てほしいといくら懇願されても、私にはそのつもりは一切ない。でも、あなたを許している。許さない限り、人生を先に進められなかったから。それに私は、自分には幸せになる価値があると信じている。そう、授かったこの人生を生きる価値があるのだ。

ドゥイグ（トルコ）

優しかった母が……父に殺されてもう4年になる。お母さん、今では話せるのは夢の中だけだね。死んでしまったから、私の姿を見ることも声を聞くこともできないとみんなは言うけれど、そんなことはないと思う。お母さんには私の姿が見えて、私をいつも見守っていること、そばにいることを、私は知っている。私にお母さんの姿が見えないだけだよね。お母さんの死を、一生受け入れるつもりはない。お母さんは私の中に永遠に生きているから。私はお母さんのために文章を書き、詩を作る。すべての母親は娘のもとを去ることなどできないものだし、お母さんも私のもとを去ったわけではない。私たちは今も一緒で、いる場所が違うだけなのだ。

シャリーン（フィリピン）

「沈黙を破って」。これが私のメッセージ。女性はレイプされるために生きているのではないから。どんな服を着ていても、あなたが誰でも、貧しくても裕福でも、働いていてもそうでなくても、学生でもそうでなくても、美しくてセクシーでもそうでなくても、レイプされるようなことがあってはならない。虐待されたり、服従させられたりするべきではない。人権を持つ人間なのだから。だからもしも今、まだ何も言わずにいるのなら、私と同じようにしてほしい。そう、今日私は「5歳のときからレイプの被害者だった」とはっきり言う。あなたも沈黙を破ってほしい。そうすれば、過去から解放され、他の女性たちを助けられるのだから。

カップル間の暴力

パートナーから身体的暴力または性暴力を
受けたことがある女性の割合

66% 中央アフリカ

42% 西アフリカ

42% 南アジア

21% 北米

19% 西ヨーロッパ

国連／経済協力開発機構（OECD）

8万 7000人

フェミサイド（女性の殺害）の
犠牲者

2017年に世界で意図的に殺された
女性の数は8万7000人に達すると
推計される。そのうち半数以上（58％）
が配偶者または家族の手で命を奪わ
れている。

国連薬物犯罪事務所「グローバル殺人調査」、2018年

女性の 1/3

世界の女性の3人に1人
は、パートナーから身体的
暴力または性暴力を受けた
か、パートナー以外の人か
ら性暴力を受けたことがあ
る。女性の殺人は、パート
ナーによるものが全体の3
分の1を超える。

WHO、2017年

DV防止法がある

DV防止法がない

データの欠如または不足

DV防止法

ラジオ・フランス、2016年

性暴力に対する法律

世界の3分の1の国には、パートナーや家族による性暴力を裁く法律がない。結婚していない女性に対するパートナーの性暴力を違法としない国は、3分の2に達する。レイプから法的に守られていない女性は、世界に26億人いる。
一方で、ドメスティックバイオレンスから女性を守る法律が制定されている国は、2013年の71％から、2017年には76％まで増えている。

世界銀行、2018年／atlasocio.com、2015年

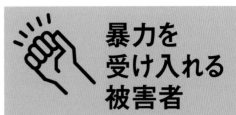

暴力を受け入れる被害者

アフリカとアジアを中心に、多くの女性が、「妻が料理を焦がす、夫と口論する、夫の許可なしに外出する、子どもの世話を怠る、性交渉を拒否するといった行為をした場合には、夫が妻を殴る権利がある」と考えている。

ユニセフ、2015年

 40％

暴力を受けた女性が支援を求める割合は40％を下回る。警察に届ける女性は10％に満たない。

国連経済社会局、2015年

助けが必要な少女たち

1500万人

15〜19歳の少女のうち、1500万人前後が性行為を強制されたことがある。30カ国のデータによれば、そのうち専門機関に相談する割合は1％にとどまる。　ユニセフ、2017年

サイバーハラスメント

EU圏内でサイバーハラスメントの被害を受けたことがある16歳以上の女性は、10人に1人に達する。18〜29歳の若い女性は特にリスクが高い。

欧州基本権機関、2016年

暴力を黙殺しないために

1995年以降、女性への暴力に関する調査を少なくとも1回、実施した国は100カ国を超える。40カ国では1995〜2014年に2回以上の調査を実施している。

国連経済社会局、2015年

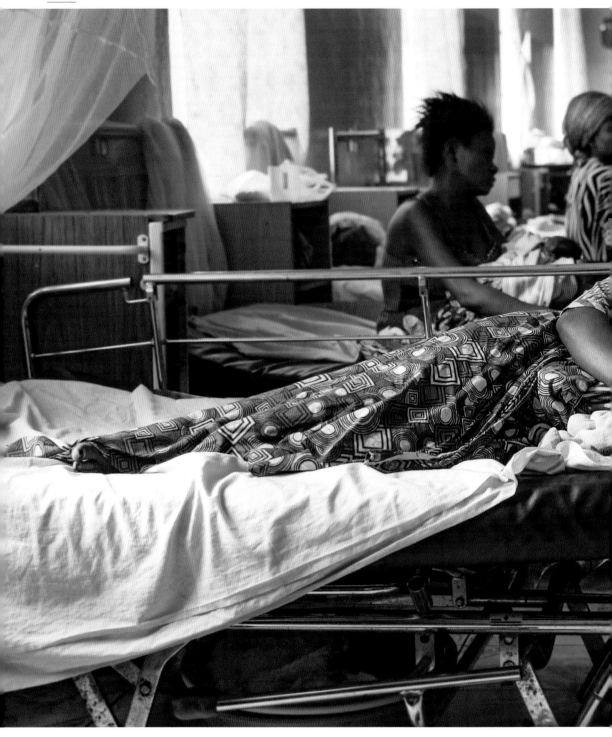

コンゴ民主共和国のパンジ病院での撮影は、とりわけ深い印象を私たちに残した。ここはノーベル平和賞受賞者であるデニ・ムクウェゲ医師が創設した病院で、紛争によるレイプの被害に遭った女性たちを受け入れ、回復させる活動に取り組んでいる。心身に深い傷を負い、レイプにより妊娠しているケースも少なくないが、女性たちは生まれた子どもを愛し、不幸な体験とともに受け入れることを学んでいく。

バングラデシュでは、ミャンマーで迫害された少数派イスラム教徒ロヒンギャの家族が多数暮らす
難民キャンプを撮影した。ロヒンギャの女性たちは教育の機会を与えられず、自己防衛の手段も
持たないため、特に弱い立場にあり、多くがレイプや虐待を受けている。しかも、保守的な民族
性からそうした体験を「恥」と考えるため、外部の人間にその話をしてくれる女性はほとんどいない。

自立すること

アミナ（ケニア）

アミナはケニアの小さなコミュニティーの出身だが、幸運にも学校に通うことができた。世界中の女性たちが出席するセミナーにも積極的に参加している。正義感に燃え、ケニアの女性たちが自立するために重要な役割を果たしている聡明な女性だ。

　私は54歳で、ケニアの牧歌的なコミュニティーで生まれ育った。私自身が体験したことや、これまで挑戦してきたことについて、世界の女性たちと語り合うことが大きな力になっている。セミナーや講演会、ラジオなど、とにかくどこでも体験や考えを話す。言いたいことは何でも言う。字も書けるから、文章にすることもある。声や文章を通して、自分が強い存在だと世界に示すことができるのだ。コミュニティーの代表として議員に立候補することも考えている。

　私の地元では、女の子は家にいて、男の子は学校へ行くことになっている。性別によって扱いが違うのだ。女の子はいずれ結婚して、よその地域に移り、そこで子を産むことになる。だから、家にとって何の価値もないとされている。逆に、男の子はお嫁さんをもらって、子どもを作り、家族を増やすから、価値があるというわけだ。

　幸い私は教育を受けられたので、他の女の人とはずいぶん異なる生き方ができた。自分の権利を守らなくてはならないと知っているし、協力してくれない男の人には反論できる。でも他の女性たちは、自分の権利を知らないために苦しみを味わっている。私は女性のグループを作り、女性の権利や子どもの権利、そしてコミュニティーの権利について教えている。私が彼女たちに手渡すのは、自分を解放するための鍵だ。それによって、家にいて夫に養われる立場から踏み出せるように。そしてスキルを身につけ、自立できるように。

　私がそんなことを意識するようになったのは、もちろん学校に行ったおかげだし、その後、外国の女性や、ケニアの他の地域に住む女性たちと出会えたおかげでもある。同じ頃、セミナーにも参加するようになった。女性の置かれた状況や心身の健康について、さらに世界各地で女性が差別や暴力を受けている背景について話し合うためだ。そして、最初の女性グループを立ち上げた。当初のメンバーは10人で、毎月資金集めの活動をし、それぞれに分配した。メンバーは少しずつ増えていき、70人ほどの人が集まった。

　メンバーの女性たちは強い絆で結ばれ、数多くの問題を克服できるようになった。たとえば、夫にお願いしてお金をもらわなくても、病院へ行ける。やがてあちこちで新しいグループが生まれ、ついに私たちは組合を設立した。各グループが銀行に預けていたお金を少しずつ組合に持ち寄り、1年後には、お金を必要としている女性たちを支援できるようになった。今ではグループのメンバーもセミナーに参加するようになったし、仲間の結婚式に出席してダンスを楽しむなど、ますます交流の輪が広がっている。

　活動により浮き彫りになったのは、社会が女性たちの地位を認めていないという現実だ。実際、女性たちはコミュニティーの中で重要な役目を担っている。家族を支える柱であり、新しい世代のために尽くしているのだ。私たちは女性だからという理由で男性の後回しにはされたくない。それぞれの文化を放棄することなく、世界と足並みをそろえて変化していくことが、私たちの望みだ。私は大いに希望を感じている。活動の成果によって、学校を出ていない女性でも目と耳をしっかりと開くようになり、世界の情勢や、女性の権利、男性の権利、子どもの権利に関する議論を理解してくれているからだ。セミナーに参加してもらうだけでなく、ナイロビに女性の人権のためのオフィスを設立して、ケニアのほぼ全域から地域を代表する女性を招いている。

> 教育を受けられたから、
> 他の女の人とは
> 異なる生き方ができた

アニータ（コンゴ民主共和国）

私はアニータ。8人きょうだいの1人だ。父は賢かった私を学校に行かせてくれた。「父さんがお前に与える遺産は学問だ。学業を怠けたら、のちのち身を助けてくれるものは何もない」と言われた。ずっと冗談だと思っていたけれど、今こうしてマイクの前に立ち、話を聞いてもらえているのも、ひとえに勉強したおかげなのだ。もしも学校に行かなかったら、今の私はなかっただろう。

ザイナブ（モロッコ）

私には4歳違いの兄がいる。小学校を終えると、彼は中学校に入り、それから高校、大学へと進んだ。私の場合は違っていた。中学生になったとたん、中退するよう迫られたのだ。それは人生最悪の日だった。私を学校に行かせまいとする両親は、大きな不正を犯していると思った。進学する権利の根拠になるような何かが兄にはあって、私には欠けているとしたら、それは一体何だろう。この疑問に対する答えはまだ見つかっていない。

リディア（ナミビア）

私は7歳の頃、毎日8キロの道のりを歩いて学校へ通った。夏には、下校中、ひどい暑さのため気を失うことさえあった。靴がなかったので、冬も裸足で歩き、いつも寒さで足が凍りつきそうだった。でも、学校をやめようと思ったことはない。兄たちは途中で退学した。おかげで今の私の人生は、兄たちとは比べものにならない。私は自立した若い女性で、キャリアもある。一方、兄たちは日々のやりくりに苦労している。もしも、7歳の頃の私が学校へ行くのをあきらめていたら、今頃どうなっていただろう。そう考えることがよくある。もう結婚して、5人子どもがいたかもしれない。

リディアは現在、女子サッカー協会の理事を務めている。また、世界中を回って女性と女の子の権利について講演している。

レベカ（ボリビア）

夜間学校に入り、働きながらも全力で勉強をして、宿題もこなした。ある晩、夜道で襲われて、ひどい目に遭った。精神科医にはかからなかったし、被害届も出さなかったけれど、犯人は私の服を引き裂いて脱がせた……でも、幸いなことに、それ以上のことはされずにすんだ。誰もいない場所に連れ込まれそうになったとき、通りがかりの人が2人、助けに来てくれて、家まで送ってくれた。母はそのとき、私にこう言った。「勉強しようなんて気まぐれを起こすから、こうなるの。女は家にいるように生まれついていると言ったでしょう」。それで、私は学校をやめた。

それでもレベカは夢をあきらめなかった。子どもを6人抱えながら勉強を再開し、今では地元の村議会で議長を務めている。

ジャッキー（米国）

　ハーバード大学の学位を取った日は、人生で最良の日だった。夫と家族を招いて、一緒に舞台に上がってもらった。とんでもない快挙だった。アフリカ系米国人の私がやり遂げたのだから。クラスで黒人女性は、ケニア人女性1人も入れて5人だけだった。そう、5人しかいなくて、全員が子持ちで、そして全員が学位を取得した。すばらしい瞬間だった。すかさず私が言ったのは、「タイプは打ちません」という言葉だ。14歳のとき初めて働いた職場でも、高校の事務職に就いたときも、必ず聞かれた質問が「タイプは打てますか？」だった。もうそんなやりとりとは、さよならできると思った。

ジョゼ (ルワンダ)

　同居していた男性に捨てられたのをきっかけに、お金を稼ぎ始めた。当時の所持金は3万ルワンダフラン（約4000円）。まず家を借り、それから美容師と、髪の毛を編んでくれる女性を雇った。私は近所では有名人だったので、玄関前に椅子を出して座り、みんなに見られるようにした。髪を整えたいと思わせるためだ。女性と美容師に給料を支払っても、手元に少しお金が残った。そのとき、男性がいなくても生きていけると気づいた。生活が向上し、自信もついた。今では子どもも成長し、学校を卒業して社会人になった。本当に、人生はすばらしい。

ステラ・ワンジル
（ケニア）

「君は俺の自尊心のことを考えてくれない。金をねだらないなんて」と言われて、その人と別れた。私は、自分のお金を稼ぐためにはどんな努力でもするし、そんな生き方を変えるつもりはない。だから彼には出ていってもらった。友達には「ちょっと控えめにしないと、男性に怖がられるよ」と注意された。それは本当だ。私が知っている強い女性の中には、男性を怖がらせてしまう人もいる。でも、おかしいと思いませんか？　男らしさをお金や、家族を養うことや守ること、要するに権力と結びつけてしまうのは。

パシータ（フィリピン）

女性の自立は経済的自立を通して成し遂げられるものだと思う。女性が自分でお金を稼げれば、男性が女性を虐待したり、女性の権利を軽んじたりすることは不可能になる。仕事を通して、事業を通して、農業を通して女性は自立するべきだというのが、私の信念だ。自活できれば、空腹を強いられることも、誰かに虐待されることもない。

ダニエル（フランス）

1961年に結婚したとき、私は夫に服従しなくてはならなかった。そういう法律だったのだ。銀行口座を開設するにも夫の許可が必要で、口座開設をやめさせる権利も夫にあった。ブーローニュに引っ越したとき、最初に入った銀行で口座を開こうとしたら、夫の許可を求められたので、こう言い返した。「夫も私も、極めて不公平なこの法律には全面的に反対ですから、夫の許可は提出できません。あなたに与えられた選択肢は2つ。私のお金を預かって口座を開くか、それとも私が道の向かいにあるライバル銀行へ行くのを見送るか。あなた次第です」。もちろん、銀行員は口座を開いてくれた。不公平な法律との闘いにおいて、いつも勇気づけられる思い出話だ。

ルクレシア（カナダ）

夫はどこも行く場所がなくて、いつも家にいた。私の初出勤の日、夫は同じ時間に起きてきて、出かける私を見送りながら「どこに行くの？」と聞いた。別れようと決めていたので、「あなたには関係ないけど、仕事に行く」と答えた。すると彼は驚いて「誰が君なんかに仕事をくれたんだ」と言った。いつどうやって仕事を見つけたかは聞かなかった。私を雇おうとする人などいるはずないと、彼は思い込んでいたのだ。「ミセス・サラの店で見つけた。ケーキのデコレーションをする仕事」と答えた。あ然とする彼を見て、「してやったり」と思った。彼がずっと家にいてよかったとさえ思った瞬間だ。

ドナルド・トランプを大統領に選んだ米国、ジャイル・ボルソナロ大統領が率いるブラジル、さらにフィリピンやハンガリーなど多くの国で、新しい権威主義が旋風を巻き起こしている。これら独裁的な右派政権に共通しているのは、リベラルな民主主義を拒絶することと、フェミニズムの過去数十年の成果を覆そうとすることだ。この流れに対抗するには、政治の場だけではなく、家庭においても闘いが求められている。

女性の政界進出 だけでは解決しない！

ピーター・ベイナート、「アトランティック」誌（米国、ワシントン）

近年、米国以外の国でも、ドナルド・トランプの分身のような人物が台頭している。ブラジルでは、ジャイル・ボルソナロ大統領が拷問を正当化し、気候変動に取り組むパリ協定から離脱すると宣言し、軍事独裁政権下（1964〜1985年）ほどブラジル経済が栄えた時代はなかったと発言した。フィリピンのロドリゴ・ドゥテルテ大統領は、麻薬犯罪容疑者の超法規的殺害を奨励したり、全国に戒厳令を布告したりした。ハンガリーでは、ビクトル・オルバーン首相が報道の自由を攻撃し、友人の便宜を図り、さらには難民や移民に対する恐怖心や憎しみをあおるような発言をしている。ポーランドでは、最大与党の「法と正義」により最高裁判所の独立性が弱められた。イタリア政府も近年、移民を敵視する傾向があり、欧州連合（EU）への不満をあらわにする一方、トランプ前大統領の元首席戦略官でポピュリズム（大衆迎合主義）を信奉するスティーブ・バノンと親交を深めている。

このように多くの国々で、権威主義的ナショナリズムが支持されている。不景気の泥沼であえぐ国もあれば、好況に沸く国もある。移民問題に警戒心を抱く国もあれば、そうでない国もある。しかし、これらの強権的なリーダーたちに共通して見られるのがリベラルな民主主義に対する敵意、そして、（こちらは看過されがちだが）男尊女卑の思考だ。

テキサスA＆M大学のバレリー・M・ハドソン教授（政治学）によると、世界にまん延するトランピズム（ドナルド・トランプの型破りな政治姿勢）を理解するには、人類史の大半を通じて男たちの間で結ばれてきた社会的契約について考える必要がある。それは、「少数の男が支配する政府に服従することと引き換えに、すべての男が女たちを支配できる」という契約だ。男性優位の政治的ヒエラルキーが自然なものに（大人が子どもに対して権威を振るうのと同じくらい自然に）見えるのは、家庭内のヒエラルキ

ーがそこに反映されているからだ。何千年もの間、男性（と一部の女性）は、男性による専制こそが政治的正統性を持つと考えてきた。ところが、女性の自立という概念が生まれたとき、その秩序に危機が訪れたのだ。

革命家が敵視する女性パワー

　男性優位こそ正統な政治体制だという考えが根強くあるため、世界の革命派および反革命派の多くが、打倒したい体制をおとしめるために、女性が権力を持つことの脅威を強調してきた。そして権力を握ると、今度は女性の権利を制限することで権威を確立した。デンバー大学のアーサー・ギルバート教授とジェームズ・コール教授が1995年の記事で指摘しているように、フランス革命の主導者はマリー・アントワネットを絶対王政の堕落を象徴する存在とみなし、イラン革命の主導者はアシュラフ王女を「ベールを被らない、有力な、王の妹」と批判した。フランス革命で王政が倒れると、革命派は女性が教育機関で高い地位に就くことを禁じ、女性の遺産相続や財産所有の権利を制限した。イランではかつて、シーア派最高宗教指導者ホメイニ師が、女性がラジオで話をすることや、公衆の場でベールを被らないことは犯罪行為だと宣言している。

　革命家ではないが、トランプ、ボルソナロ、ドゥテルテ、オルバーンなども特定の体制の信用を失墜させ、自らの主張を正当化するためにジェンダーを利用することが多い。彼らはみな、過去の政権の正統性を否定する傾向がある。トランプは、バラク・オバマ元大統領が米国本土の生まれでないことを理由に、大統領になる資格はなかったと主張した。ボルソナロとドゥテルテは、いずれも前政権

少数の男による政府に
服従することと引き換えに、
女たちを支配できるという
社会的契約が
男たちの間で結ばれてきた

人工妊娠中絶をめぐる攻防

　米国の人工妊娠中絶反対派にとって、2019年は"当たり年"だった。保守派が大多数を占めるアラバマ州、ルイジアナ州、ジョージア州で、胎児の心臓の鼓動が検知できる時期以降の中絶を禁止する州法が制定されたのだ。ミシシッピ州、ケンタッキー州、オハイオ州は、それ以前から同様の州法を設けている。これらの法は、1973年に米国の連邦最高裁判所が女性の中絶する権利を認めたロー対ウェイド事件判決に違反しているため、最高裁によって差し止められる可能性があったが、それこそが中絶反対派の狙いだった。州裁判所が法律を差し止める判断をすれば、各州が控訴を行うことによって、近年極めて保守化している最高裁の判断を仰げるからだ。

　米国のみならずヨーロッパでもここ数年、中絶権をめぐる攻防が続いている。欧州評議会は2017年12月、ある報告書の中で、ロシア、アルメニア、アイルランド、北マケドニア共和国、ポーランドなどが中絶権を制限（マルタでは完全に禁止）する法律を設けていることに警告を発した。中絶に関して非常に保守的だったアイルランドでは、その後2018年に国民投票が実施され、中絶の権利が拡大された。スペインでは、2014年に女性たちが大規模な反政府デモを行い、中絶を大幅に制限する政策を取り下げさせた。またポーランドでは2016年、政府が中絶を全面的に禁止しようとすると、大規模な反対運動が起こり、これを阻止した。

　ブラジル（南米最大の国であり、中絶権を大幅に制限している）や、アルゼンチン（ローマ教皇の母国で、レイプまたは母体に危険がある場合以外の中絶を禁じている）でも、2019年に激しい論争が巻き起こった。世界中の女性が中絶の権利を獲得するのは、まだ遠い先の話になりそうだ。

が「犯罪増加を野放しにした」と糾弾している。ポーランドの「法と正義」党は、過去の政権について「ロシアと欧州連合（EU）に金で買われていた」と非難した。

女性を「ふさわしい場所」に、国を「正しい道」に

　トランプや、彼と同様の政治思想を持つ政治家たちは、前政権の正統性を否定するとき、必ずと言っていいほど女性を悪者にする傾向がある。そして、女性をおとしめることで、支持者に「迷走期を経て、国がようやく正しい道に戻る」と感じさせることに成功してきた。たとえばトランプは、ヒラリー・クリントン（米国史上初の主要政党からの女性大統領候補者）について、米国の政治システムの腐敗を体現する人物と非難した。大統領選の期間中、トランプの集会が開かれた会場の外では、思わせぶりなポーズをとるクリントンの上に上半身裸のボクサー姿のトランプがのしかかる絵をプリントしたTシャツが売られていた。「（トランプは）本物の男だ」「女々しいまねはやめろ。トランプに投票せよ」などと書かれたピンバッジもあった。大統領候補者による2度目のディベートの後、トランプは「彼女（クリントン）は私の前を歩きました。おわかりでしょう、いい印象は持ちませんでした」と語っている。ここで前提となっている考え方は明らかだ。女性はどれほど高い地位に就いても、結局のところ、単なる肉体でしかなく、その価値を決めるのは男性なのだ。

　一部の政治評論家は、かつて自由主義的だったトランプが、キリスト教系右派と同盟を組むのはつじつまが合わないと指摘する。しかし、トランプとキリスト教福音派系の右派は、男性の行動をめぐる考え方に多少のずれがあるとしても、女性の権利を制限しようとする点で一致している。

　2018年にブラジル大統領選に勝利したボルソナロは、その数年前、女性の国会議員に向かって「あなたをレイプしないのは、その価値がないからだ」と言ったことがあ

る。選挙中の集会では、支持者たちが「フェミニストにドッグフードを食べさせろ」というスローガンを掲げた。ボルソナロはトランプ同様、ブラジルで大きな勢力を持つキリスト教福音派から揺るぎない支持を受けている。中絶と同性愛者の権利を断固として認めない態度が高く評価されているのだ。

　フィリピンのドゥテルテ大統領もまた、女性を迫害している。2017年には、ミンダナオ島で戒厳令を発令すると、兵士は処罰されることなく3人まで女性をレイプできると宣言した。さらに2018年、フィリピン南部で強い勢力を持つゲリラに参加している女性たちが「役立たず」になるように、腟に向けて発砲するよう兵士たちに命じた。

　ドゥテルテによる反フェミニズム・キャンペーンには、トランプやボルソナロの場合と同様、力のある女性を侮辱するという儀式が含まれている。フィリピンのレイラ・デリマ上院議員が、ドゥテルテの麻薬密売撲滅戦争に関する調査を求めると、ドゥテルテは「彼女を泣かせてやる」と宣言した。その後、政府は同議員を麻薬密売容疑で逮捕している。さらにドゥテルテの言葉によれば、同議員が「（不倫相手の）運転手だけでなく、国も欺いていることを示す」証拠をリークした。イタリアでは、マテオ・サルビーニ首相が2016年、下院議会の女性議長をラブドールに例える発言をした。

出産への圧力

　それほど派手ではないやり方で「新しい権威主義」を推し進める政治家もいる。女性たちに伝統的な役割を押しつけることで、政治秩序全体を再構築しようとする動きだ。ハンガリーのオルバーン首相は、過去の政権が「移民によってハンガリー人のアイデンティティーが脅かされるままにしていた」と批判し、女性に出産を促すための一連の政策を打ち出した。たとえば、子どもを3人以上産んだ女性に限り、子どもが学業を終えたら学生ローンの返済義務を消滅させることなどを約束している。また、ポーラン

> ドゥテルテによる反フェミニズムのキャンペーンには、トランプやボルソナロの場合と同様、力のある女性を侮辱するという儀式が含まれている

ド政府は、国民が「ウサギのように増える」よう促すキャンペーンを実施するとともに、処方箋なしには緊急避妊薬（アフターピル）を入手できないようにした。

女性の権利を擁護する人たちにとって、性差別を公然と行う政権の増加は悩みの種だ。この状況を打破するためには、もっと多くの女性が権力の中枢に入る必要がある。しかし、女性が権力を持てば持つほど、独裁的な右派政権は、そんな動きを自然な政治的秩序に対する攻撃だと非難する。2018年11月に行われた米国連邦議会の中間選挙では、民主党から記録的な数の女性議員が当選し、この流れを受けて2019年1月に民主党のナンシー・ペロシ議員が下院議長に就任した。しかし、ペロシは長年にわたり、女性が権力を持つことを脅威とみなす共和党から、格好の標的として攻撃されている。

女性蔑視の根本的要因

長い目で見て、新しい権威主義に打ち勝つためには、女性が権力の座に就くだけでは不十分だ。女性が権力を持つのは当たり前という世の中が実現すれば、権威主義的な政権が、女性の政治家や活動家を政治的秩序崩壊の象徴としてやり玉に挙げることはできなくなる。しかし、そのためには問題の根本的要因と向き合う必要がある。なぜ女性の政界進出は自然に反すると考える男性（と女性）がこれほど多いのだろうか。それは、自分たちが家庭内で享受している上下関係が覆されることになるからだ。先述のバレリー・M・ハドソン教授は、「個人が最初に認識する男女の違いは、家族内の性差であり、それが政治的秩序の第一段階を築き、国家で物事がどうなされるべきかを決定づける」と説明する。公的な領域で男性支配が緩和されつつある国でも、私的な領域で男性支配が続いている限り、新しい権威主義が台頭するのは当然のことだ。

米国、フィリピン、ブラジル、ハンガリー、ポーランドを、女性の政界進出が顕著な北欧諸国と比較すると、興味深い事実が浮き彫りになる。2017年の国会議員の男女比率を見ると、アイスランドでは女性が占める割合が48％に達した。スウェーデンでは44％、フィンランドでは42％、ノルウェーでは40％となっている。この数字がイタリアでは31％、ハンガリーでは10％にとどまる。だからといって、北欧にオルバーンやボルソナロのような政治家が登場する可能性がないわけではない。実際、北欧にも極右党は存在する。しかし、極右党が現政権を攻撃するためにジェンダーを利用するのが困難であることは確かだ。なぜなら、これらの国では、女性の政治権力が正統性を欠くという考え方は衰退しているからだ。

個人的なことは政治的なこと

北欧で女性の政界進出が受け入れられているのは、家庭での男女平等が実現しているためだ。経済協力開発機構（OECD）は2018年、1日のうち無報酬の作業（子どもの世話、家事、買い物など）に費やす時間に関する統計を発表した。ここで、ある現実が浮き彫りになった。それは、男女が平等に家事を分担している国ほど、女性の政界進出が進んでいるということだ。スウェーデンでは、国会議員の44％が女性で、男女間の家事労働の格差は1日1時間を下回っている。米国では、連邦議会の女性議員の割合が約23％で、家事労働の男女格差は1時間半に達する。ハンガリーでは、女性議員の割合は10％にとどまり、家事労働の男女格差は2時間を超えている。

トランピズムがはびこる国々の女性にとって、北欧の事例が大きな慰めになるわけではないだろう。家庭内の力関係は一夜にして変わるものではなく、次世代まで待たなくてはならないかもしれない。それでも、新しい権威主義が私たちに思い起こさせるのは、「個人的なことは政治的なこと」というフレーズ——フェミニズムの古典的なスローガンだ。家庭における男女平等を推し進めよう。そうすれば、民主主義を救うことができるかもしれない。

> 女性の政界進出は自然に反すると考える男性（と女性）が多いのは、自分たちが家庭内で享受している上下関係が覆されるからだ

メアリー・ロビンソン

アイルランド元大統領

メアリー・ロビンソンは、妥協しない生き方を貫いてきた。カトリックの両親の反対を押し切ってプロテスタント男性と結婚し、1990年にはアイルランド初の女性大統領になった。7年にわたり大統領の任務を果たし、非常に保守的なアイルランドという国で、男性が占領してきた多くの分野に女性が進出する道を切り開いた。そして、気候変動と貧困をはじめとする問題への取り組みを今も続けている。

あなたはこれまでの人生を、人権活動に捧げてきました。自分の行くべき道を決めた瞬間を覚えていますか?

はっきり覚えています。ダブリン大学トリニティカレッジの学生人権協会の会長になったときのことでした。1967年、私は23歳で最初の女性会長に選ばれたのです。自分の考えを明確に表明し、とりわけアイルランドにおける人権と倫理について主張することに強い意欲を感じていた私は、別の大学の教授にもアドバイスを受けに行きました。ユニバーシティ・カレッジ・ダブリンの著名な憲法学者、ケリー教授です。「君が考えているのは法学の問題ではないよ、メアリー。お勧めしないね」と言われて、がっかりしました。でも、どうしても人権問題への挑戦をあきらめたくなかったのです。私はある日のスピーチで、家族計画の合法化を主張し、さらには自殺を犯罪とみなしてはならない、離婚を禁止する憲法を改正しなくてはならない、とも訴えました。当時としては非常に急進的な思想です。スピーチを終えたとき、会場は静まり返っていました。「何ということだろう。誰も全然わかってくれなかったのかな」と思いました。突然、割れるような拍手が起こり、いつまでも鳴りやみませんでした。スタンディングオベーションを受けたのです。それで、ますます信念を強くしました。

1944年アイルランド生まれの女性として、世代的に、またカトリック教徒の家に生まれたことからも、結婚は重要なステップだったのではないでしょうか。どのような思い出がありますか?

結婚はとても大変でした。特殊な状況を理解していただくために、少しさかのぼって説明しなくてはなりません。夫のニックとは法学部で知り合い、3年間はずっと友達でした。その間、彼はトリニティの美人学生全員とつきあっていたようです。私のほうは勉強に夢中で、教室ではいつも最前列に座っていました。そんなある日、彼がユニバーシティ・カレッジ・ダブリンでのディベートに同行してくれたのです。私はとても調子が良く、自信を持っていました。そして見事ディベートに勝ち、さらには夫も手に入れたのです。その日、彼は初めて、友達としてではないキスをしてくれました。その後、私はハーバード大学に留学し、修士号を取得しました。アイルランドに帰国してから少しずつ、ニックが自分に必要な男性だという確信を強めていきました。でも両親は私の選択を認めませんでした。

それはなぜでしょう。

私はすでに国会の上院議員になっていました。25歳で当選したのです。法学部の教授でもありましたし、法廷弁護士としても登録していました。つまり、両親はとても私を誇りに思い、そんな立派な娘にふさわしい人物などいない、と思っていたのです。ニックは鋭い芸術的感性の持ち主で、当時は「アイリッシュ・タイムズ」紙の風刺画家でした。彼がプロテスタントだったことはそれほど重要でなかったのですが、少なくともプラスにはなりませんでした。しかも、過去にニックが大勢の女性とつきあっていたことを両親は知っていたのです。というわけで、どこを取っても好ましい相手とは言えませんでした。どんなに愛し合っていたとしても、です。それで、私の両親も4人の兄弟も、結婚式に出席しませんでした。私の親類は、花嫁介添人のいとこを除いて誰一人来てくれなかったのです。一方、ニックの親類は全員出席してくれました。結婚式が終わると、ニックと一緒にメイヨー州にある私の実家に行きました。カトリックの結婚式を挙げたので、両親もニックと会ってくれることになったのです。それ以来、両親とニックはすっかり仲良くなりました。母は、いつも冗談めかして「私の最愛のお婿さん」と呼んでいたくらいです。

記念すべき出来事の連続とも言える人生を歩まれていますが、アイルランド大統領に就任した日は、とりわけ重要な1日だったのでは?

その日のことはよく覚えています。男性議員に囲まれていることを意識しながら宣誓の言葉を述べることは、私にとって非常に重要な意味がありました。最高裁判所の裁判長や、かつらをかぶった裁判官たち、政府の閣僚、カトリック教会関係者など、国家を代表する人々が一堂に会していたのです。この体験は、私に不思議な効果をもたらしました。公式のティーパーティーのために、大統領官邸に移動したときのことを覚えています。私の席の近くにティーポットと砂糖入れが置かれていて、隣には夫が座り、閣僚たちが家族や友人を伴ってテーブルを囲んでいました。窓に目をやると、外から光が差し込んでいて、ふと「私は国の大統領だ。一体どうやってこの大役を果たそうか」と思いました。すぐに浮かんだ答えは「女性大統領としての仕事ぶりを彼らに見せるのだ。そして、最善を尽くそう」というものでした。もちろん、自分が担う責任の大きさを恐ろしく感じましたが、誇りを持って任務を果たそうと決意しました。その後、多くの人に「名誉衛兵を閲兵する姿を

見て、さすがに大統領らしい態度だと思いましたよ」と言われたのは、興味深いことでした。

何があったのですか?

名誉衛兵も男性ばかりでした。隊列に沿って歩きながら、衛兵の顔を1人ずつ眺めました。目を合わせようとしない衛兵もたくさんいました。私の顔を見たくなくて下を向いていたのでしょう。女性に閲兵されていることに困惑したのかもしれません。任命式には最高の姿で臨みたいと思っていたので、その日の服装は考え抜いたものでした。その日、私はアイルランド国民の前で、アイルランド語で「最善を尽くすことを誓います」と言ったのです。

アイルランド初の女性大統領になったことをはじめ、さまざまなレベルで開拓者となったロビンソンさんですが、特にどのような領域で女性に道を切り開いたと思いますか?

大統領になったとき、選挙戦で力になってくれた親友の女性を特別顧問に指名できたのは、非常に意味のある出来事でした。また、大統領はボディガードを3人つけてもらえると聞き、「ありがたいことですが、3人のうち1人は女性でなくてはなりません」と主張しました。「申し訳ありませんが、武器を使用する上で、このレベルの訓練を受けている女性はいません」と言われたので、少し考えてこう返しました。「それなら女性を訓練してください」。またとないチャンスを逃したくなかったのです。さらに、それまで女性には許されていなかった大統領軍の副官への就任を可能にしたのも私です。これらはすべて、女性に新しいキャリアへの道を開くためでした。のちに、キャリアを築く上で非常に役立ったと言ってくれた女性がたくさんいます。

何か残念に思うことはありますか?

あります。その後、世界的に見て、重要なポストに就く女性が増えていないことです。国家の大統領も、首相も、閣僚も、国連の幹部もそうです。発展途上国で女性の保健大臣や教育大臣が誕生すると、恵まれない人たちの状況が大きく改善することが、昨今の研究により示されています。もしも女性が責任ある地位に就きながら問題が解決されないままだとしたら、それは人数が不十分だからです。私は、自分がアイルランド国会の上院議員に初当選した日のことを今も覚えています。60人の議員のうち、女性は6人だけでした。女性が影響力を発揮できるように

なったのは、女性議員が16人まで増えたときです。そして、より力を持っている下院の女性議員たちと連携して、女性の権利問題を推進しました。人数が多ければ変化を生み出すことができるのです。

それが、男性に伝えたいメッセージでしょうか。

男性に伝えたいのは、何よりもまず、男女平等を実現するには、男性の努力がとても重要であるということです。この事実を私は世界中で見てきました。スーダン人女性のグループを支援するため、エチオピアのアディスアベバを訪問したことがあります。友人が順番に自己紹介することを提案し、女性たちに自分の人生に役立ったことを話してもらいました。驚いたのは、全員が異口同音に「父が私を信じてくれた」「父が教育を受けさせてくれた」と言ったことです。このことが示す通り、女性の権利のために闘い、フェミニストとして行動する男性が増えれば増えるほど、その分だけ大きな変化を女性が実感できます。ですから、ジェンダーの平等は男性にとっても女性にとっても有意義であるという意識を持つよう、男性たちにも訴えたいと思います。男女が力を合わせてこそ、大きな前進が可能なのです。

すべての人のための気候正義

メアリー・ロビンソンは、2010年に気候正義のための財団を設立し、今日も総裁を務めている。その目的は、気候変動問題において、貧困層や社会の周縁的な存在といった犠牲者たちが忘れ去られている現状を訴え、救済することだ。ロビンソンは「貧困層は最も環境汚染に責任がないのに、最も大きな犠牲を払っている」と繰り返し指摘し、個人の支援と公的な政治的努力を促すことに取り組んでいる。女性の活躍を前面に打ち出す方針を取り、2019年からは、よりいっそう女性が財団運営の中心的役割を担うようになった。発展途上国において、これまでも大きな変革の最前線で活動してきたのは女性なのだ。

気候正義のためのメアリー・ロビンソン財団:
www.mrfcj.org

UNウィメン（国連女性機関）

　世界的レベルで男女平等を実現するための闘いを進めること。すべての国家が女性のためになる政策を促進するよう働きかけること。それが、UNウィメンの活動目的だ。2010年7月に国連の機関として設立され、男女平等の実現と女性の自立のための活動を行っている。それらは、国連のミレニアム開発目標（MDGs）の中核をなす、非常に重要な取り組みだ。

　UNウィメンの具体的な活動内容は、国連加盟国が男女平等の国際基準を達成できるように支援することだ。さらに、各国政府や民間組織とも協力し、男女平等を実現するための法律、政策、プログラム、公共サービスの実現を働きかけている。

　現時点での目標の1つに、現在も100カ国あまりに存在する女性差別的な法律を、2023年までになくすことがある。それにより恩恵を受ける女性と少女は5000万人に達する。UNウィメンの活動の結果、2014年以来、少なくとも52カ国で女性に対する暴力を禁止する法律が制定された。チュニジア、レバノン、ヨルダンでは女性弁護士たちへの資金援助を行い、2017年には女性政治家と協力し、レイプに関する既存の悪法を廃止または修正した。たとえばチュニジアでは2017年7月26日まで、15歳未満の少女と性行為をしても相手と結婚すれば起訴を免れていたが、この前時代的で悪質な条項は廃止された。

japan.unwomen.org

プラン・インターナショナル

　一般に、性差別は幼少期に始まる。女の子は早くも2歳で、ジェンダーのステレオタイプに直面する。大人が女の子に与えるおもちゃの色や種類を見れば明らかだ。国によってはもっと深刻な差別が存在し、女の子を学校に行かせない慣例も多く見られる。子ども時代に始まる性差別をなくすため、80年以上も前に設立されたのが、プラン・インターナショナルだ。この国際NGOは75カ国にネットワークを擁し、子どもの権利や、女の子と男の子の平等のために活動している。日本支部は1983年から活動している。

　現時点の緊急課題として、2000近いプロジェクトを実行している。発展途上国56カ国を対象に、2022年をめどに1億人の少女が学校へ通い、決定権を持ち、自己実現できるようにするという意欲的な目標を掲げる。西アフリカのベナンで学校のインクルーシブ教育を実現するプロジェクトは、その代表例だ。ベナンでは中学校に進学する女の子が40%にとどまっており、教育制度における性差別が根強く残っている。

　プラン・インターナショナルは2017年4月から2020年9月まで、ベナン北部にあるアタコラの4つの村で3000人の女の子を対象に、支援、トレーニング、意識向上プログラムを実施した。学校を中退した子どもが復学でき、在学中の子どもは学業を継続できるような環境づくりに重点を置いている。具体的には、個人指導による補習、学校食堂の設置、男女平等やインクルーシブな教育法に関する教員の養成などを行っている。

www.plan-international.jp

アルシラとの対話の記憶
老いてなお誇り高く

ジャーナリスト　マリオン・ガボリ

80歳にして今も現役のアルシラは、ありとあらゆる単純労働を休みなく続けてきた。現在はボリビアのラパスで集合住宅の管理人を務めている。大変な仕事のはずだが、意外にも彼女はこの仕事を気に入っている。孫の学費が払えるし、自分の生計が立てられるからだ。会う人すべてを魅了してしまうアルシラ。そのエネルギーは、一体どこから湧いてくるのだろうか。

アルシラは80歳で、今もボリビアのラパスの集合住宅で管理人として働いている。長い人生に無数の単純労働を経験し、いまだ現役だ。生計を立てるため、そして孫の学費を支払うために働き続ける。驚くべきことに、アルシラは24時間勤務の管理人という仕事がとても気に入っているという。一瞬でもじっとしている自分など、想像すらできないのだ。

撮影会場に到着すると、自分が選ばれたうれしさのあまり、カメラに向かう前から興奮した様子で話し始める。私は笑いながらカメラのほうに視線を向けた。撮影者は、活動的な被写体がカメラの画角からはみ出さないよう調整するのに苦心している様子だった。私がこれまで出会った中で、アルシラほど優しく温かみがあり、こちらまで幸せな気持ちにしてくれる人物は珍しい。

自分が幼かった頃の祖母の話になると、アルシラは感情を抑えきれなくなる。アルシラがバスケットボールのコートにいると、祖母は「なぜ女の子なのにスポーツをするのか」と、むちを持って連れ戻しにきた。やがて、祖母の命じるままに結婚したが、夫は怠惰だったうえに、浮気をして出ていった。いつも空腹で惨めな生活だったが、アルシラは3人の子どもに食べさせるため、何とか仕事を見つけた。

情熱的な性格のアルシラは、B8号室に暮らす大佐がクリスマスプレゼントにテレビを贈ってくれたことや、毎朝ウエアに着替えてヨガをすること、それに、黒髪と若い頃の体形を保つための秘訣も教えてくれる。「水着だって大丈夫」と笑う。

記憶をたどりながら、楽しい話やおかしい話、それにたくさんの悲しい思い出を、常に誇りを込めて語ってくれた。アルシラの生き方に、私は深い感動を覚えた。この映画が意味を持つのは、彼女のおかげだとすら思っている。アルシラは誇らしげに次々と語り、私はただ耳を傾けるばかりだった。そして強く心を揺さぶられた。きらきらと目を輝かせ、エネルギーに満ちていて、どこまでも楽観的。社会の日の当たらない場所で、家族を養うために日々奮闘している女性として、勇気を持って生きることのお手本を示してくれる。

もしアルシラに欠けているものがあるとすれば、歯だけだ。入れ歯を作るお金がないという。私はといえば、アルシラのことが——彼女のレジリエンス（立ち直る力）が、心から離れなかった。それで、ボリビア人の現地コーディネーターと協力して、入れ歯の費用を集める募金箱を作った。アルシラは今、入れ歯に慣れるのに苦労しているところだと聞いている。でも、きっと元気に暮らしているはずだ。その生命力こそが、1度でも会った人ならけっして忘れないアルシラの魅力の源だ。

ナンシー（米国）

　2人の子に恵まれた15年の結婚生活を終わらせることは、私が女性として決めた最も重大な選択だった。元夫は慰謝料の支払いを拒否したし、他に収入源があるわけではなかったので、食料を買うお金もなかった。ようやく借金できたのは、たったの2000ドル。それでも私は資産運営を始めた。全く知識はなかったけれど、投資に挑戦したらうまくいって、もう37年もこの分野で働いている。自分の事業を売却したときの価値は2億ドルにも達していた。今では投資顧問に指導する立場にある。

スベトラーナ（ベラルーシ）

　その朝、洗濯物にアイロンをかけていたら、スウェーデン・アカデミーの秘書、サラ・ダニウスから電話がかかってきた。「ノーベル文学賞を受賞しました」と言う。私は困惑した。それから、言うまでもなく、自分が115年間で14人目の女性受賞者であるという事実について考えた。マスコミがそう言っていたのだ。男性が支配する世界の制約から抜け出すため、世界中の女性たちが闘い続けている。私の姉妹のような彼女たちに、「やればできる」という希望を与えることができた。そう思うと、若い頃の孤独が胸をよぎり、やがて、とても幸せな気持ちになった。敵意に満ちた世界の中、自分1人で居場所を見つけることは難しいから。

ヌライ（トルコ）

　5歳から69歳まで働き続けた。1度握ったバトンを片時も手離さなかったのだ。6頭のロバと一緒に働いた。収穫、畑の手入れ、茶の販売もした。ビジネスパーソンになる必要もあったし、家には子どもが4人いたので炊事も欠かせなかった。つまり、私は女の仕事と男の仕事の両方をやってきたのだ。どんなことがあっても男性には頼りたくなかったから。

キャロライン（カナダ／レバノン）

　キャリアにおいて一番つらかったのは、私より能力のない男性が、私より上のポストに就くのを見ることだった。最初は、それではモチベーションが下がるばかりだし、間違っていると思っていたが、やがて、前進あるのみと心に決め、上司や同僚に対する接し方を変えた。自分の主張を曲げず、重要なプロジェクトを任せてもらえるよう意見を押し通す方法を学んだのだ。カナダ最大の製薬会社で副社長の職を退いたときは、大いに誇りを感じた。おかしかったのは、経理部長が私の給与を主に男性ばかりの重役会で公表したときのことだ。私が社内で最高の報酬を得ていることが判明し、それがよりによって女性だというので大騒ぎになった。そのとき、勝負に勝ったと実感した。

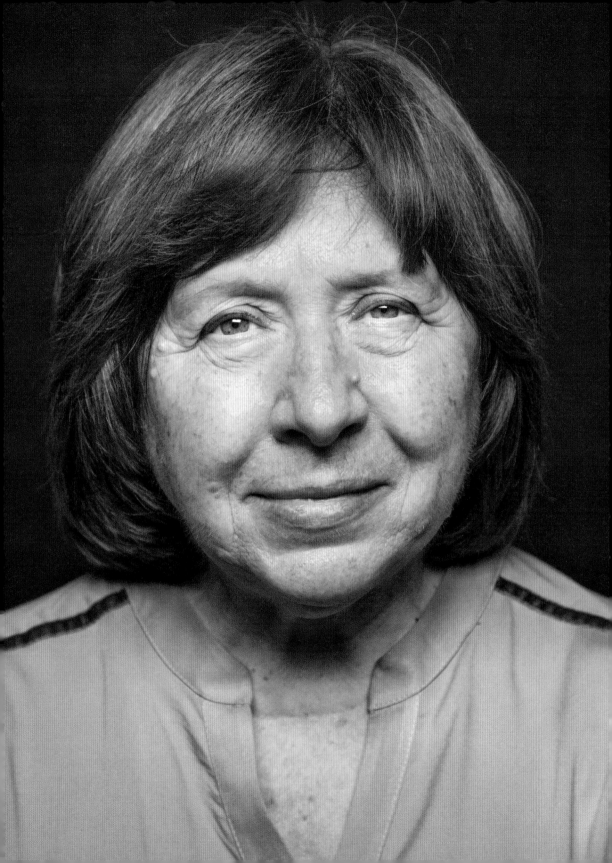

アミーナ（米国／ナイジェリア）

　母の美容院で数時間のアルバイトをしたのが、人生初の仕事だった。それから、いろんな仕事を体験している。販売員、老人介護。レストランのマネージャーや、建築工学の仕事も。その後の数年間はナイジェリア政府で働き、今は国連副事務総長を務めている。私自身が驚かずにはいられない。ナイジェリアでは環境大臣として1億8000万人の住民に対し責任を負っていたが、現在は、オフィスに着くと、75億人の人口を抱える世界の地図が目に入る。今の仕事は、国連事務総長を手伝うという大役だ。数え切れない人生を、特に女性や少女の人生を変えることができる仕事だと思うと、謙虚な気持ちになる。

アミーナ (モーリシャス)

　私がモーリシャス初の女性大統領になったとき、モーリシャスの女性たちは大きな誇りを感じてくれた。それで思い出したエピソードがある。私は共学の学校を運営しているのだが、子どもたちに科学への興味を持たせるためのワークショップを開催したとき、参加者に質問用紙を配り、記入してもらった。最後の「大きくなったら何になりたいですか？」という質問に対し、女の子のほぼ9割が「大統領になりたい」と回答していたのだ。私は思わず微笑んだ。子どもたちがこうした自尊心を育むことは、とても大切だ。大統領になったことは、私自身にとってはさほど重要ではないが、私の村で育つ女の子たちにとっては大きな意味を持つ。なぜなら「国で最高の権力を持つポストに就くことも夢ではない」と、村の女の子たちが思えるから。典型的な政治家のキャリアを歩まなくても、ただ一生懸命努力することによって大統領にもなれるのだ。

ローズ（ルワンダ）

　ルワンダ大虐殺で両親と兄弟を失い、私は暴行を受けた。そして、レイプされた女として、ルワンダの社会から拒絶された。でも今では居場所を取り戻している。私は、レイプされた少女のための団体「テリンタムベ」（「前に一歩を踏み出そう」の意）の代表を経て、現在は「トゥバケ・アマホロ」（「平和を作ろう」の意）の代表になったおかげで、自分の力を実感することができた。ジサガラ地方の中央にあるトレロ村の村長も務めている。村長選では225票を獲得し、反対派の得票を35票に抑えた。このことを私はとても誇りに思っている。自尊心を持てば、周囲も尊敬してくれるようになるのだ。

マリーヌ（フランス）

　私は15歳。フェミニズムは私の人生の一部だ。たとえばバスケットボールをしていると言うたび「男のスポーツをしているんだね」と言われることがなくなるまで、闘い続ける。20年後の私が企業で働いているとして、特別な仕事を得るためや、仕事をしない男性より高い給料をもらうために闘わなくてはならないとしたら、うんざりする。私が望むのはただ、すべての人が平等であることだ。ペニスがあるというだけで、男性が私より優れた存在であると決めつけられる道理はない。

フレイディ（米国）

フレイディは夫に虐待されていた。働くことも、銀行口座を持つこともできず、おまけに性行為を強要されながら避妊することは許されなかった。
離婚する権利も否定された。10年の結婚生活を経て、
彼女はその環境から脱出する計画を立てた。
ユダヤ教超正統派に属することを表すかつらを外すことにしたのだ。

　ユダヤ教超正統派のコミュニティーを知らない女性には、髪を隠さずに外出することがどれほどの意味を持つか、理解できないだろう。私の家族にとっては大きな屈辱以外の何ものでもなかった。しかし私は、ついに髪を隠すのをやめたその日、幸福感に酔いしれた。帰宅中の車で窓を開けると、風に髪がなびいた。とてつもない解放感だった。私は確かな一歩を踏み出したのだ。ただし家族はそうは思わなかった。その日、私は家族に追放され、死を宣告された。でも、ついにそこから脱出し、離婚することに成功した。私はおそらく一族で初めて家を所有した女性である。とても小さな家だけれど、娘たちと私は「勝利の宮殿」と呼んでいる。

ヌーザ（モロッコ）

　私が政治家になれたのは、けっしてくじけなかったおかげだ。1976年、市議会選挙に出たとき、立候補者のうち女性は0.2%しかいなかった。家を1軒ずつ回って選挙活動をしたが、落選。そこで国会議員選挙に立候補し、カサブランカで唯一の女性候補となった。人が集まる地区に行くと、誰もが、あ然とした顔で私を見た。私はまさにタブーを破壊したのだ。7回目の挑戦で、ついに1997年、0.34%の女性の1人として市議会議員に当選した。必要なのは、頑固であること。そして、私にはそんな気質が備わっていた。

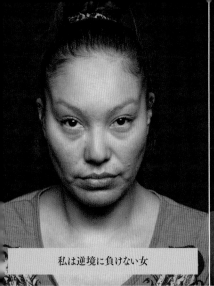

私は逆境に負けない女

私は英雄的な女

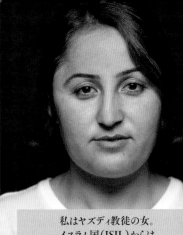

私はヤズディ教徒の女。
イスラム国（ISIL）からは
弱い存在とみなされているが、
私は日々、強くなっている

私はたった1人の男を待っている女

私は価値のある女

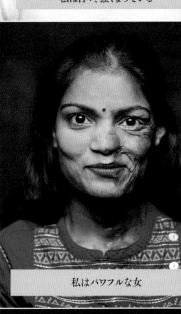

私はパワフルな女

私はこんな女

あなたはどんな女性ですか？　インタビューした女性全員に、この質問を投げかけた。一見シンプルだけれど、自己内省を迫る質問だ。大勢の女性たちが、自らを正確に表す言葉を探し、人生の困難を克服するための内なる力を確認する機会ととらえてくれた。ここでは、特に示唆に富み、勇気をくれる回答を厳選して紹介する。

私は自由な女

私は勇気ある女。
私の辞書に不可能という言葉はない

私は常に勝つために闘う女

私は反骨精神に富んだ先住民の女

私は因習を打ち破る女

私は他の女性たちに
親近感を覚えつつある女

私は働き者の女

私はどこへでも
恐れず向かう強い女

私は戦士のような女

私は生き抜く女

女性の就業率

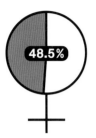

2018年、15歳以上の就業率の世界平均は、男性が75%だったのに対し、女性は48.5%にとどまり、若干の減少傾向が見られた（1995年には51%だった）。

国際労働機関（ILO）、2018年

過去に女性がリーダーを務めたことのある国

● 2017年まで　● 2018年

米国は女性大統領を1人も出していない。フランスで首相を務めた女性は、エディット・クレッソン（在職：1991〜1992年）1人だけだ。

「マダム・フィガロ」誌、2018年

政治

国会議員に占める女性の割合は世界的に上昇しており、2000年の13%から2019年には24%まで増えた。ルワンダ、キューバ、ボリビアの3国では、女性議員が過半数を占めている。

世界経済フォーラム、2019年／列国議会同盟（IPU）、2019年

2018年、世界の上位500社で女性の社長は3%にとどまった。米国の上位500社では女性の社長が2019年に33人（6.6%）となり、1998年の1人から増えている。世界の資産家1826人のうち女性は197人（11%）で、このうち自力で資産を築いた女性は29人にすぎない。残りは遺産を相続している。

スタティスタ、2018年／CNBC、2018年／「フォーブス」誌、2015年

女性の識字率

世界の成人女性の識字率は、1970年の61%から2016年には約83%まで向上した。

ブルームバーグ、2019年

企業幹部への昇進

世界の企業で管理職と
中間管理職に占める女性の割合。

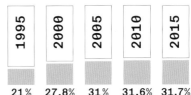

1995	2000	2005	2010	2015
21%	27.8%	31%	31.6%	31.7%

ブルームバーグ、2019年

各界の女性軽視事情

スポーツメディアのコンテンツで女性アスリートに関する話題はわずか4%。

1901年の創設以来、女性のノーベル賞受賞者は53人で、全体の5%強しかいない。

1929年の創設以来、アカデミー賞監督賞を受賞した女性は2009年のキャスリン・ビグロー監督だけだ。

※2020年にクロエ・ジャオが受賞。

ユネスコ、2018年／「ル・モンド」紙、2018年

闘いは続く

サウジアラビア
2013年

サウジアラビアで、女性たちが自動車を運転する権利を主張。2018年、同国は女性の運転を禁じていた最後の国として、解禁に踏み切る。

世界
2017年

1月21日、ウィメンズ・マーチに350万〜550万人が集結した。

世界
2017年

2017年10月〜2018年9月、ツイッター上で#MeTooというハッシュタグが1900万回使われた。

インド
2019年

インドのニューデリーで、レイプの被害者とその友人、家族など5000人を超える女性がデモ行進に参加。レイプを糾弾するとともに、被害者の名誉と正義を訴えた。

8 mars.info、2017年／ピュー研究所、2018年／「ル・フィガロ」紙、2019年

世界で変革を起こし、不平等のない社会を実現するにはどうすればよいのだろう
か。この問題を考えるヒントとして、夢をかなえた女性たちの姿を見せたいと考え
た。大きな希望をくれるエピソードとして、伝統衣装に身を包むチョリータたちに
登場してもらった。ボリビアの高山に暮らす誇り高い先住民の女性たちだ。

米国で撮影したカウガールは、極めて男性的な世界で活躍している。さまざまな個性を持つ女性たちに共通するのは、ステレオタイプに挑み、女性が持つ果てしない可能性を示していることだ。

メイキング

インタビューでも、映画『ウーマン』の上映会でも必ず聞かれるのが「これだけすばらしい女性たちを、どうやって見つけたのですか？」ということだ。私たちはいつもこう答える。「マニュアルはありません。実在する人物を撮ろうとしたとき、うまくいく秘訣などないのです。でも、撮影の準備段階で必ずしなくてはならないことはあります。現地でプロジェクトを理解してくれる協力者を見つけること。そして何よりも大切なのが、優れた女性たちにインタビューをするための入念な準備を行うことです」

この役割を担う人を「フィクサー」と呼ぶ。このプロジェクトでは全員が女性だったから、フランス語では「フィクシューズ」と女性形で呼ばれていた。数カ月かけて、インタビューにふさわしい女性を探し出し、体験談を語ってもらう理由を説明するのが、彼女たちの仕事だ。カメラの前に立った経験のない女性に出演を承諾してもらうことは、ときに想像を超えた苦労を伴う。自分の個人的な体験が他人にとって興味深く、知ってもらう意味があると信じてもらうだけでも大変だ。しかも、一見ふつうの女性がとびきり感動的な体験談を語ってくれることは珍しくない。そんな女性に撮影に応じてもらうためには、まずはフィクサーに私たちが求めるものを理解してもらう必要があるが、それが最初の難関である。年齢、職業、状況といった基準を尋ねられると、私たちはいつも「基準はない」と答えた。正直に本当のことを話してくれる限り、どんな女性でも、

分かち合う価値のある何かを持っている。その「小さいけれど特別な何か」をフィクサーに理解してもらうことが、とても重要だった。それは、カリスマなどと呼ばれることもあるが、言葉で定義するのが難しい「何か」である。

フィクサーがそれを理解できたら、作業開始。候補となる女性に電話をし、実際に会って決めるのだ。撮影を行った50カ国・地域のそれぞれで、数十人ずつ女性が選ばれた。選考が終わると、チームのジャーナリスト6人（全員女性）のうちの1人が、カメラマン（男性も女性もいる）とともに現地へ向かった。

たった2週間の撮影期間で、ジャーナリストたちは20〜30のインタビューを行った。本書に収められているのは、ほんの一部にすぎない。ほとんどの現場で通訳を務めたのは、すでに女性たちと信頼関係を築いていたフィクサーたちだ。信頼関係は、今回の親密なインタビューに

インドのウッタル・プラデーシュで、インド人女性たちとミア・スフェール

エチオピアのオモ渓谷で、ムルシの人々とシビル・ドルジュバル

ベラルーシのおばあさんをインタビューしたのち、
一緒に食事をするサスキア・ベベル

ブラジルで、先住民ヤノマミ族のもとを訪れた
バレンティナ・ロペス・マペ

韓国の撮影で、仏教の尼僧たちに撮影した映像を
見せるマリオン・ガボリ

セネガルで撮影中のサラ・エル・ヨネス

欠かせない要素だった。このインタビューは、質疑応答というよりセラピーに近い。黒1色のスタジオの中、照明は女性の顔に当てるスポットライト1つと、ジャーナリストに当てるもう1つだけ。この演出も、女性が自分の内面と向き合いやすくするための仕掛けだった。インタビューの間、女性たちは外の世界のことをすっかり忘れることができたようだ。

　撮影のたび、強烈な瞬間と忘れがたい出会いがあった。それまで誰にも話したことのない秘密を打ち明けてくれる女性もいたし、話し終わったとたん泣き崩れる女性もいた。幾度となく撮影を中断し、「もうやめましょう」と言わなくてはならなかった。それでも、ほとんどすべての女性が最後まで続けることを望んだ。特に忘れがたいのが、戦争中にレイプされたスーダンの女性が、インタビューの後「あなたは私を暗い場所に連れ込んだ。そんな場所に

はもう二度と行くまいと思っていたのに。とてもつらかったけれど、私のメッセージを伝えるためにはそうするしかなかった」と言ったことだ。私たちジャーナリストは、それほど強い感情を呼び起こしたことを申し訳なく思ったが、逆に「ありがとう」と言われることが多かった。多くの女性たちにとって、重要な存在として扱われることも、「あなたの話には意味がある」と言われることも、これが初めてだったのだ。

　そして、全世界のNGOの力添えなくしては、これほど多くのインタビューは実現できなかっただろう。信頼関係の輪を限りなく広げられたのは、NGOと深い絆を結び、協力し合えたおかげだ。代表者を無料の上映会に招待し、また世界中で開催するディベートにも出席してもらう予定でいる。このプロジェクトを、私たちにこれだけ多くのものを与えてくれたすべての女性たちに届けることが、真の意味で作品を完成させることになる。映画館であっても、それ以外の会場であっても、できるだけ多くの人にこの作品を見てもらいたい。

アナスタシア・ミコバ

ウーマン・プロジェクトは
さまざまなパートナーの協力によって実現しました。
特に下記のパートナーの皆様に感謝申し上げます。

ウーマン・プロジェクト・チームスタッフ

編集主任：
Anastasia Mikova

編集助手：
Valentina Lopez Mape
Élisabeth Denys

製作：
Fabienne Calimas
Tanguy Apel-Muller

Lolita Chamaillard
Anne-Claire Decaux
Thomas Lavergne

画像編集：
Klaudia Kaczmarczyk

インターン：
Philippine Michel

ジャーナリスト：
Sarah El Younsi
Marion Gaborit
Valentina Lopez Mape
Sibylle d'Orgeval
Mia Sfeir
Saskia Weber
Bethsabée Zarka

写真クレジット

略語、数字について
h：上　c：中央　b：下　g：左　d：右
見開きページに掲載されている「女性のポートレート」の写真は、左→右、上列→下列の順に数えた番号で示す。

© Lisa Arcé : p. 47hg, 76h, 98h, 194bg, 211
© Émilie Aujé : p. 10b, 76b, 84bg, 86h, 98c, 106, 130bg, 162c, 176, 191bd, 205, 212-213(7), 216-217, 221bg
© Philippe Bourseiller : p. 16-17, 110-111(11)
© Damien Boyer : p. 12hg, 14, 58c, 130bd, 142, 175hg et bd, 212-213(9), 220g
© Sandra Calligaro : p. 6g, 8, 92c, 110-111(3), 113, 116b, 173, 184-185, 194hg, 221bd
© Emmanuel Cappellin : p. 40, 57, 72hg et bd, 86b, 110-111(15), 115bd, 116h,

186c, 208, 212-213(5 et 10), 218-219
© Maya Coutouzis : p. 47hd, 77, 84hg, 144c, 212-213(3)
© Sarah El Younsi : p. 110-111(10)
© Jeremy Frey : p. 30-31, 58h, 68g, 84hd, 87, 96bg, 110-111(5), 115hd, 143, 161hd, 162h, 193, 210h, 212-213(2), 221hd
© Marion Gaborit : p. 38g et d, 60, 92g, 96bd, 124d, 128b, 145, 146, 162b, 179bd, 212-213(12)
© Denis Lagrange : p. 34-35, 36-37
© Peter Lindbergh : p. 64, 65, 66, 67
© Valentina Lopez Mape : p. 10c, 43, 47bg, 138, 144h, 175bg, 212-213(13)
© Julien Mauranne : p. 12bg, 15, 42b, 54-55, 100, 110-111(4, 9 et 12), 129, 147, 149, 212-213(14), 220d
© Paul Mignot : p. 120-121
© Brian Moore : p. 200
© Marine Ottogalli : p. 10h, 74

© Léonard Rollin : p. 44hd
© Daria Skarzynska : p. 53bg, 116c
© Marco Strullu : p. 6c, 22, 38c, 58b, 68c, 75, 110-111(6), 168, 186g, 191bg
© Basil Tsimoyianis : p. 152-153, 154-155
© Dimitri Vershinin : p. 6d, 11, 12hd et bd, 27, 29hg, hd, bg et bd, 42h et c, 44hg, bg et bd, 47bd, 53hg, hd et bd, 59, 68d, 70, 72hd et bg, 76c, 83, 84bd, 86c, 90-91, 92d, 94, 96hg et hd, 98b, 99, 101, 105, 110-111(1, 2, 7, 8, 13 et 14), 115hg et bg, 117, 122-123, 124g et c, 126, 128h et c, 130hg et hd, 132, 133, 144b, 156g, c et d, 158, 161hg, bg et bd, 163, 167, 175hd, 177, 179hg, hd et bg, 182-183, 186d, 188, 191hg et hd, 192, 194hd et bd, 206h, c et b, 207, 209, 210c et b, 212-213(1, 4, 6, 8, 11, 15 et 16), 221hg

メディアの記事（抜粋）

Page 18
Naomi Alderman, « Utopian thinking: how to build a truly feminist society », *The Guardian*, 6 February 2017

Page 48
Abigail Jones, « The fight to end period shaming Is going mainstream », *Newsweek*, 20 April 2016

Page 78
Marie Kock, « Le plaisir féminin, c'est

comme le reste, ça s'apprend », *Stylist*, 28 December 2016

Page 102
Esther Göbel, « Sie wollen ihr Leben zurück », *Süddeutsche Zeitung*, 5 April 2015

Page 134
Ridhima Malhotra, « It is still a big deal to fall in love in India! », *Tehelka*, 13 February 2018

Page 164
Beatriz García Manso, « Esto no es amor: cómo detectar el maltrato en una relación adolescente », *El Mundo*, 12 November 2016

Page 196
Peter Beinart, « The new authoritarians are waging war on women », *The Alantic*, January-February 2019

写真キャプション

私はこんな女（p.212-213）　左→右、上列→下列の順に数えた番号で示す。
①ナディーヌ（カナダ）②アリス（ルワンダ）③マルバ（イラク）④マリア（ルーマニア）⑤ルス・ア

イーダ（コロンビア）⑥グアダルーペ（メキシコ）⑦オボジ（マダガスカル）⑧アリス（ルワンダ／フランス）⑨クンティ（インド）⑩ジリアン（米国）⑪ローケ（コンゴ民主共和国）⑫ニーダ（フィリピン）

⑬イングリッド（コロンビア／フランス）⑭ナチャチ（エチオピア）⑮アデラ（メキシコ）⑯ファビアナ（ブラジル）

著者紹介

アナスタシア・ミコバ

ウクライナ出身のジャーナリスト、映画監督。不法移民、臓器売買、代理出産など社会的・人道的なテーマに焦点を当てた作品に取り組む。空から見た地球を紹介するテレビシリーズ『Vu du ciel』を皮切りに、ヤン・アルテュス＝ベルトラン監督とのコラボレーションが続いている。2015年の映画『Human』ではチーフ助監督、2020年の映画『WOMAN』では共同監督を務めた。

ヤン・アルテュス＝ベルトラン

フランス生まれの写真家、映画監督。航空写真の第一人者で、60冊以上の著書がある。1999年に刊行された作品集『Earth from Above』は全世界で300万部以上のセールスを記録し、同名の写真展は日本でも開催された。2005年に環境問題への関心を高めるためのNGO「グッドプラネット」を設立。2009年には国連親善大使に任命され、地球の現状を描いた初のドキュメンタリー映画『Home 空から見た地球』を監督した。この作品は世界で6億人に視聴されている。過去に『365日空の旅：かけがえのない地球』『空から見た地球—21世紀への遺産』『空から見たパリ』などの写真集が日本で出版された。

訳者紹介

清水玲奈（しみず・れいな）

東京大学大学院総合文化研究科修了。1996年に渡英。10数年間のパリ暮らしを経て、ロンドンを拠点に、執筆、翻訳、映像制作を行う。著書に『世界で最も美しい書店』（エクスナレッジ）など、訳書に『小さなひとりの大きなゆめ マリア・モンテッソーリ』（ほるぷ出版）などがある。「ヴォーグ・ジャパン」誌では国際的な観点からジェンダーや多様性に関する記事を定期的に執筆している。

話すことを選んだ女性たち
60人の社会・性・家・自立・暴力

2022年3月7日　第1版1刷

著者	アナスタシア・ミコバ ヤン・アルテュス＝ベルトラン
訳者	清水玲奈
編集	尾崎憲和　葛西陽子
デザイン	田中久子
翻訳協力	トランネット
編集協力・制作	リリーフ・システムズ
発行者	滝山晋
発行	日経ナショナル ジオグラフィック社 〒105-8308　東京都港区虎ノ門4-3-12
発売	日経BPマーケティング
印刷・製本	加藤文明社

ISBN978-4-86313-521-5
Printed in Japan

© Nikkei National Geographic Inc. 2022